KB072182

프로이트에게 배우는

정신분석 치료 기법

지그문트 프로이트 **지음**
한동석 **옮김**

씨아이알

프로이트에게 배우는 정신분석 치료 기법

프로이트의 글을 읽으면서 기본적으로 염두에 두어야 할 것은 그가 병을 치료하는 의사였다는 것이다. 프로이트는 그 당시 의사들을 어렵게 했던 '히스테리Hysteria'를 치료하는 과정에서 신체 증상 너머에 있는 무의식의 심리세계와 그 영향들을 발견하게 된다. 그리고 지속성 있는 치료 효과를 낳을 수 있는 효율적인 치료법을 고안하려고 애썼다. 이러한 과정에서 프로이트는 여러 가지 시행착오를 겪어야 했고, 치료적 난제들을 통해서 자신이 세웠던 전제들을 수정하면서 그 다음 단계로 나아갈 수 있었다. 토킹큐어Talking Cure, 자유연상, 꿈 해석, 억압, 저항, 반복강박, 전이와 같은 개념들도 그런 치료의 과정에서 생겨난 것이다. 이렇게 해서 생긴 치료법이 정신분석이다. 초기 단계의 프로이트의 기법을 보기 원한다면《일상생활의 정신병리학》의 두 번째 글인 〈외국어 단어의 망각〉을 읽어보면 프로이트가 자유연상을 어떻게 사용했는지 그림이 그려질 것이다. 〈도라의 히스테리 분석〉은 치료 안에서 꿈 해석을 어떻게 사용했는지를 보여준다.

초기 프로이트학파 사람들은 이 정도만을 가지고는 치료 안에서 일어나는 다양하고 예측하기 어려운 상황들을 정신분석적으로 대처하는 것이 어떤 것인지 알 수가 없었다. 그들은 계속해서 프로이트에게 기법에 대한 글을 써달라고 요청했고 프로이트는 1911년에 〈정신분석에서 꿈 해석〉을 시작으로 1914년까지 기법에 관한 6편의 소논문을 쓰게된다. 그중 〈기억하기, 반복하기, 작업해내기〉는 단연 백미라고 할 수 있다. 20여 년간 얻은 치료에 대한 생각을 이 짧은 글에서 절묘하게 묘사하고 있다. 또한 기법에 대한 글들에서 프로이트가 《꿈의 해석》과 〈도라〉의 출판 이후 10여 년동안 얼마나 많은 변화를 거듭했는지 쉽게 목격할 수 있다. 이 6편의 글들과 1910년에 출판된 흥미로운 〈'제멋대로'의 정신분석Wild' Psychoanalysis〉을 함께 엮은 것이 《프로이트에게 배우는 정신분석 치료기법》이다.

　　　　이러한 번역 시도에 대해서 사람들은 다음과 같은 질문을 할 수 있다고 생각한다. '100년 전에 쓰인 오래된 치료기법을 우리가 지금 배울 필요가 있겠는가?' 지난 100년 동안 인류가 이룬 과학의 진보는 100년 전 사람은 상상도 할 수 없었을 것이다. 우리 일상의 일부가 된 텔레비전, 에어컨, 컴퓨터, 스마트폰과 같은 일상품을 100년 전 누가 상상을 할 수 있었겠는가? 의학의 진보는 100년 전에는 죽을 수밖에 없었던 많은 사람들을 살리고 있다. 100년의 시간의 무게가 그런 것이다. 많은 사람들이 프로이트는 이미 죽은 지 오래되었다고 말하기도 하고, 그의 기법은 단기상담이 주류를 이루는 한국 현실과 맞지 않다고 말한다. 과연 100년 전에 쓰인 심리치료 기법에 대한 글을 읽는 것이 과거의 검토 이외에 어떤 의미가 있을까?

　　　　우울증, 피해망상, 공포증, 중독, 적응의 어려움, 관계의 어려움 등 심각한 어려움으로 고통 받고 있는 사람들이 전문적 능력을 지닌 상담사/심리치료사를 찾아와 도움을 요청하고 있다. 한국의 많은 치료사들도 100년 전 프로이트라는 치료사가 그랬던 것처럼 어려운 과제들과 씨름하면서 여러 가지 시행착오를 경험해보았을 거라고 생각한다. 앞서 이 길을 걸어갔던 프로이트에 대한 비판이 무성하고 그에 대한 단편적 지식은 가지고 있지만, 정작 프로이트가 무엇을 하려고 했는지 사람들이 잘 알고 있지 못한다는 인상을 받는다. 우리 안에 있는 편견을 조용히 내려놓고 이 책에 실린 글들을 읽어보면 치료사로서 프로이트가 얼마나 많은 경우의 수를 고려하면서 가장 효율적인 치료 방법을 모색하려고 애썼는지 알 수 있을 것이다. 그리고 프로이트가 고민했던 많은 임상적 과제들과 기법에 대한 고민이 오늘날 우리의 과제와 고민과 그리 크게 다르지 않다는 것을 발견하게 될 것이라고 확신한다.

이 책을 번역하면서의 바람은 우리가 프로이트에게서 배워서 프로이트를 넘어 그 다음 단계로 함께 나아가길 바란다.

2016년 12월

한동석

프로이트

에게 배우는 정신분석 치료 기법

목차

'제멋대로'의 정신분석

'제멋대로'의 정신분석
'Wild' Psychoanalysis

며칠 전 중년의 한 여성이 친구의 보호를 받으며 상담을 받으러 왔는데, 그녀는 불안 상태를 호소했다. 사십 대 중반을 넘겼지만 젊음을 꽤 잘 유지하고 있었던 그녀는 명백히 아직 폐경 전이었다. 그녀의 불안 상태 발발의 촉발 원인은 이혼이었다. 하지만 그녀의 말에 의하면 불안이 더욱 심해진 것은 그녀가 살고 있는 동네의 한 젊은 의사와 상담을 한 이후였다고 한다. 왜냐하면 그 의사가 그녀의 불안 원인이 성적 만족의 결핍이라고 알려주었기 때문이었다. 그는 그녀가 남편과의 성관계의 상실을 견딜 수 없는 것이며, 세 가지 방법을 통해서만 건강을 회복할 수 있을 것이라고 말했다. 즉, 그녀가 남편에게 돌아가든지, 애인을 만들든지, 아니면 자위를 통해서 스스로 만족을 얻든지 해야만 한다는 것이다. 그때 이후로 그녀는 자신이 치료되지 못할 것이라고 확신하게 되었다. 그녀는 전남편에게 돌아갈 마음이 없었고, 다른 두 가지 대안들은 그녀의 도덕적, 종교적 정서와 맞지 않았기 때문이었다. 그렇지만 그녀가 나에게 온 것은 그 젊은 의사가 이러한 새로운 이론을 주장한 장본인이 바로 나라고 말했기 때문이었다. 그녀는 그 의사가 말한 것의 진위를 밝히고, 이러한 것들이 진실이 아니라는 것을 확인하기 위해 나를 찾아왔던 것이다. 그녀와 함께 온 친구는 그녀보다 연장자이며 폐경이 지났고 건강하게 보이지 않았는데, 그 의사의 진단이 오진이라는 것을 이 환자에게 확증해달라고 간청했다. 그녀 스스로가 오랫동안 과부였지만 그런 불안으로 인한 고통 없이 품위를 유지하고 있었기 때문에 그 말은 진실일 수가 없다는 것이었다.

나는 이 방문으로 인해 내가 놓이게 된 곤란한 상황을 곱씹기보다는 이 여성을 내게 보낸 그 의사의 조치에 대해서 생각해보려 한다. 첫 번째로 우리가 유념해야 할 것이 있는데 아마도 불필요하지는 않을 것이다(우리는 정말 그렇기를 바란다). 오랜 세월의 내 경험이 나에게 가르쳐준 것(이 오랜 세월은 모든 사람을 가르칠 것이다)은 환자들, 특별히 신경증 환자들이 의사에 대해서 말하는 것을 곧이곧대로 받아들여서는 안 된다는 것이다. 신경전문의는 어떤 치료법을 쓰던 간에 쉽게 많은 환자들의 적대감의 표적이 될 뿐만 아니라, 신경증 환자의 억압된 숨겨진 소망에 대한 책임을 일종의 투사를 통해서 떠맡아야만 하는 위치에 있게 된다. 이것은 우울한 일이지만, 그러한 고발이 다른 어느 곳에서보다 의사들에게 더욱 많이 생긴다는 것은 중요한 사실이다.

그러니 이 여성이 그 의사가 말했다는 것에 대해 편향적으로 왜곡된 설명을 나에게 한 것이기를 바라는 이유가 있는 것이다. 내가 이 사건과 '제멋대로'의 정신분석을 연결해서 설명한다면 내가 알지도 못하는 그 젊은 의사에게 부당한 일을 하게 된다고 생각한다. 하지만 이렇게 하는 것으로 아마도 나는 다른 사람들이 그들의 환자들에게 해를 입히는 것을 방지할 수도 있을 것이다.

그런 의미에서 이 환자의 의사가 정확하게 그녀가 보고한 것처럼 그녀에게 말했다고 가정해보자. 사람들은 즉시 비판적인 자세로, 어떤 의사가 여성 환자와 성적인 문제를 논의하는 것이 필수적이라고 생각한다면 그는 세심함과 배려심을 가지고 그것을 해야만 한다고 말할 것이다. 그런데 이러한 요구를 따르는 것은 정신분석의 기법적 규칙과 일치한다. 더욱이 논의가 되고 있는 그 의사는 몇 가지 정신분석의 과학적 이론들을 모르고 있거나 그것들을 잘못 이해하고 있으며, 정신분석의 본질과 목적에 대해 얼마나 조금 이해하고 있는지 보여준다.

　　　　자, 우선 후자인 과학적 실수들에 대해서 이야기해보자. 이 여성에게 주어진 의사의 충고는 그가 '성생활 sexual life'이라는 표현을 어떻게 이해하고 있는지 분명하게 보여준다. 일반적인 의미에서 성적 욕구는 단지 성교에 대한 욕구나, 오르가즘과 성적 물질의 방출을 만들게 하는 유사한 행위들에 대한 욕구 외에 다른 어떤 것도 의미하지 않는다. 그런데 정신분석이 성의 개념을 그러한 일반적인 범위 훨씬 이상으로 확장해온 것에 대해 비난받고 있다는 것을 그가 모르고 있지는 않았을 것이다. 이 사실은 반박의 여지가 없다 (여기서 그것이 비난받아 마땅한가에 대해서는 논의하지 않겠다). 정신분석에서 성적인 것에 대한 개념은 훨씬 많은 것을 포함하고 있는데, 일반적인 의미보다 더 깊게 들어가고, 또한 더 높이 올라간다. 이러한 확장은 유전학적으로 정당화된다. 우리는 부드러운 느낌들의 모든 활동을 '성생활'에 속한 것으로 생각한다. 그러한 활동들은 원초적인 성적 충동들을 그 근원으로 가지고 있다. 그러한 충동들이 최초의 성적 목표와 관련되어 억제되어 있거나, 또는 그러한 목표가 더 이상 성적이지 않은 것으로 대체되어 있을 때조차도 그렇다고 생각한다.

이러한 이유로 해서 우리는 성심리psychosexuality에 대해 말하는 것을 선호하고, 따라서 성생활에서의 정신적 요소를 무시하거나 과소평가해서는 안 된다는 점을 강조하고자 한다. 우리는 '성sexuality'이라는 용어를 독일어에서 "사랑하다lieben"를 사용하는 그런 넓은 의미로 사용한다. 정상적인 성관계의 부분이 부족하지 않은 상태에서도 정신적 만족의 부재가 존재하는 경우를 우리는 오래전부터 알고 있다. 만족하지 못한 성적 성향들은 흔히 성교나 다른 성적 행위들에서 매우 불충분한 출구만을 찾을 수 있다는 것을 우리는 치료사로서 항상 명심해야만 하는데, 그런 성향들의 대체 만족이 우리가 싸우고 있는 신경성 증상들의 형태로 나타난다.

이러한 성심리 개념에 동의하지 않는 사람은 성sexuality의 병인론적 중요성을 다루는 정신분석의 논제들을 예증으로 들어서는 안 된다. 그 의사는 성의 신체적인 부분만을 강조하는 것으로 이 문제를 지나치게 단순화했고, 그가 한 것에 대한 책임은 정신분석이 아니라 그, 개인에게 있다.

두 번째의 명백한 착오는 그 의사의 충고에서 발견된다. 정신분석이 성적 만족의 부재를 신경성 질환들의 원인으로 주장한 것은 사실이다. 그런데 정신분석은 그것보다는 더 많은 것을 이야기하지 않았던가? 정신분석은 신경성 증상들이 두 개의 힘—한쪽에서는 리비도(그것이 과도하게 될 때), 다른 쪽에서는 성의 거부 또는 억압이 지나치게 심할 때— 사이의 갈등에서 생긴다고 주장했는데, 이러한 가르침이 너무 복잡하다고 무시되어야만 하는가? 이 두 번째 요소를 기억하는 사람이라면 성적 만족 그 자체가 신경증으로 고통을 겪는 사람들을 위한 믿을 만한 치료법이 되리라고는 생각하지 않을 것이다. 이러한 사람들의 상당수가 실제 그러한 상황에 있으면서도 만족을 얻을 수 없는 상태에 있다. 그러니 이 여성에게 주어졌다고 가정되는 그러한 의학적 조언이 무슨 소용이 있겠는가?

이 조언이 과학적으로 정당한 것이었을지라도, 이것은 그녀가 실행할 수 있는 조언이 아니다. 자위행위나 밀회에 대한 내적 저항이 없었다면 그녀는 오래전에 이러한 방법 중 하나를 채택했을 것이다. 혹은, 이 의사는 마흔이 넘은 여성이 애인을 만들 수 있다는 것을 알지 못한다고 생각한 것인가? 아니면 그는 그녀가 의학적 승인 없이는 결코 그러한 수단을 결정할 수 없을 것이라고 그의 영향력을 과대평가해서 생각한 것인가?

이런 모든 것이 매우 분명해 보이지만 우리의 판단을 어렵게 만드는 한 요소가 있다는 것을 인정할 수밖에

없다. 전형적인 신경쇠약과 순전한 불안신경증처럼 우리가
실제신경증Aktualneurosen이라고 부르는 신경성 상태는 분명
히 성생활에서 신체적 요소와 관련되어 있다. 하지만 우리는
아직 심리적 요소와 억압이 그 상태에서 하고 있는 역할에
대한 분명한 사진을 가지고 있지 않다. 그러한 사례들에서
의사가 실제 치료, 즉 환자의 신체의 성적 활동의 변화를 첫
번째로 고려하는 것은 자연스러운 것이다. 그리고 만약 그
의 진단이 옳다면 그렇게 하는 것은 온당할 것이다. 그 젊은
의사에게 진료를 받았던 이 여인은 주로 불안 상태에 대해서
호소했다. 그리고 그는 아마도 그녀가 불안신경증으로 고생
하고 있다고 가정했고, 그녀에게 신체의 치료를 권유한 것이
당연하다고 느꼈을 것이다. 이것도 역시 쉽게 범할 수 있는
착오이다! 불안으로 고통을 겪는 사람이라고 꼭 불안신경증
을 가지고 있는 것은 아니다. 이 진단은 그 이름으로 인해 이
끌려서는 안 된다. 치료사는 어떤 징후들이 불안신경증을 형
성하는지 알아야 하고, 불안으로 나타나는 다른 병리적인 상
태들로부터 그것을 구별할 수 있어야 한다. 내 생각에는 이
여인은 불안히스테리로 고생하고 있고, 이러한 질병학적 구
분은 다른 병인론과 다른 치료법이 필요하다는 것을 보여주
기 때문에 가치가 있다. 이 사례에서 불안히스테리의 가능성

을 고려한 사람이라면 이 의사가 세 가지 대안을 제시하면서 범했던 실수처럼 정신적 요소들을 무시하는 실수를 하지 않을 수 있었을 것이다.

이상하게도, 정신분석가라고 불리는 그 의사의 세 가지 치료적 대안은 정신분석을 위한 여지를 남겨놓고 있지 않다! 그 의사에 의하면 이 여인은 오직 그녀의 남편에게 돌아가는 것이나 자위행위나 애인을 통해서 그녀의 필요를 채우는 것으로만 불안을 치료받을 수 있을 것이다. 그렇다면 불안 상태의 주요한 해결책이라고 여겨지는 치료, 즉 분석적 치료가 자리할 곳은 어디란 말인가?

이것은 우리를 기법적인 실수(거론되고 있는 의사의 절차에서 볼 수 있는)로 데려간다. 어떤 환자가 일종의 무지로 인해 고통을 겪고 있을 때, 그에게 그 병의 인과관계 또는 아동기 경험에 대한 정보를 줌으로써 무지함을 제거하면 그는 회복하게 될 것이라는 생각은 이미 오래전에 다른 생각으로 대체된 생각이고, 표면적인 현상들에서 끌어낸 생각이었다. 병리적인 요소는 무지 그 자체가 아니라, 내적 저항 안에 있는 그 무지의 뿌리이다. 바로 그 저항이 처음에 이러한 무지를 생겨나게 했고, 지금까지 그것을 유지시키고 있는 것이다. 치료의 임무는 이러한 저항과 싸우는 것에 있다. 억압하고 있기 때문에 모르게 된 것을 환자에게 알려주는 것은 치료에 필요한 하나의 예비적 단계에 불과하다. 무의식에 대한 지식이 정신분석을 경험해보지 못한 사람들이 상상하는 것만큼 환자에게 중요하다면, 강의를 듣거나 책을 읽는 것으로 그 사람은 치료될 수 있을 것이다. 하지만 그러한 수단들은 기근 때에 메뉴판을 보여주는 것이 배고픔에 줄 수 있는 영향만큼 정도의 영향을 줄 수 있을 것이다. 이 비유는 단편적인 적용 그 이상의 의미가 있다. 환자에게 그의 무의식에 대해서 알려주는 것은 그 사람 안에 있는 갈등을 격렬하게 하고 그의 문제들을 악화시킬 것이다.

그렇지만 한편으로는 정신분석이 이러한 정보를 주는 것 없이 실행될 수는 없기 때문에 두 가지 조건이 충족된 후에 이러한 것을 해야만 한다. 첫째, 그 환자가 준비 작업을 통해서 반드시 억압해온 것의 근처에 도달해 있어야 한다. 둘째, 그는 의사에게 충분한 애착(전이)을 형성하고 있어야 하는데, 이러한 정서적인 관계가 그가 도망가는 것을 방지해주기 때문이다.

이러한 조건들이 충족되었을 때에만 억압과 무지를 낳게 한 저항을 인식하고 정복하는 것이 가능하다. 그런 까닭에 정신분석적 개입은 환자와의 꽤 오랜 기간에 걸친 접촉이 절대적으로 필요하다. 첫 번째 상담에서 의사가 자신이 발견한 환자에 대한 비밀들을 무뚝뚝하게 말하는 것으로 환자를 '재촉'하려는 시도는 기법적으로 부적당하다. 그리고 대개 이러한 시도는 의사를 향한 강렬한 적의를 일으키게 하고 더 이상의 어떤 영향도 받지 않으려고 자신을 단절하는 것으로 환자는 그 의사를 처벌한다.

이 모든 것뿐만 아니라, 사람은 때때로 잘못된 추측을 하기도 하고, 전체 진실을 발견할 수 있는 위치에 결코 서게 되지 못할 것이다. 정신분석은 사람들이 특별한 재능이라고 우러러본 정의하기 힘든 '의학적 요령'을 대체하기 위해서 이러한 명확한 기법적 규칙을 제공하고자 한다.

이러한 이유로 의사가 약간의 정신분석 연구결과물을 아는 것으로는 충분하지 않다. 그가 정신분석적 견해에 따라 의학적 조치를 취하기 원한다면 반드시 정신분석의 기법에 익숙해져야 한다. 이러한 기법은 책을 통해서 배울 수 있는 것이 아니고, 막대한 양의 시간, 노력, 성공경험 없이는 독립적으로 발견할 수 없다. 다른 의학적 기법들처럼, 이것은 그것에 숙달한 사람들로부터 배워야만 한다. 이러한 점들을 거론하기 위해서 출발점으로 사용한 그 사건으로 돌아가 보자. 그 여성에게 그러한 조언을 해준 의사를 나는 알지도 못하고 그의 이름을 들어본 적이 없다는 것은 이 사건에 대한 어떤 판단을 내리는 데 있어서 중요한 어떤 면을 말해준다.

　　　　나 자신과 나의 친구들 그리고 동료들 누구도 이러한 방식의 의학적 기법의 사용에 독점을 주장하는 것에 동의할 수 없다. 그러나 '제멋대로'의 정신분석에서 예견되는 것이 실제현장에서 일어나고 있고, 환자와 정신분석 사조에 위험을 가져오기 때문에 우리는 1910년 봄 국제정신분석협회International Psychoanalytical Association를 설립해야만 했다. 이 협회의 회원들은 그들의 이름을 발표하는 것으로 그들의 소속을 선언했고, 우리에게 소속되어 있지 않지만 그들의 의학적 조치를 '정신분석'이라고 부르는 사람들에 의해서 행해진 것에 대한 책임을 거부할 수 있게 되었다. 사실, 이러한 부류의 '제멋대로'의 분석가들은 환자 개인들에게보다는 정신분석 사조에 더 큰 해를 끼칠 수 있다. 나는 이와 같은 서투른 조치가 처음에는 환자의 상태를 악화시켰을지라도 결국에는 회복으로 이어지게 되는 것을 종종 발견하게 되었다. 항상은 아니지만 제법 빈번했다. 환자는 의사를 충분히 사용하고 그의 영향권에서 충분히 멀리 떨어졌다고 느끼게 되었을 때, 그의 증상들이 사라지거나, 회복으로 갈 수 있는 몇몇 다른 방법들을 취하기로 결심하기도 한다. 최종적인 호전은 '저절로' 생겨나거나, 또는 그 환자가 후에 의지하게 되는 어떤 다른 의사가 시도한 전혀 무관한 치료에서 기인할 수도 있다. 의사에 대해서 불평했던 이 여성의 경우에 이 모든 것에도 불구하고 그 '제멋대로'의 정신분석가는 어떤 명망 있는 권위자가 그녀에게 '혈관 신경증vasomotorischen Neurose'으로 고통을 겪고 있는 것이라고 말했을 때보다 그녀를 위해서 더 좋은 일은 한 것이라고 나는 말하고 싶다. 그는 그녀의 관심을 문제의 진짜 원인으로 돌리는 기회를 마련했기 때문에 그녀의 반발에도 불구하고 이러한 개입이 나름대로의 어떤 좋은 결과를 낳지 않을 수 없다. 반면, 그는 자신을 손상시킨 것이고, 자연스럽게 일어나는 환자들의 정서적인 저항으로 정신분석의 방법에 반하여 느끼는 편견을 강화하는 데 일조했다. 그리고 이것은 피할 수 있는 것이다.

정신분석에서 꿈 해석

정신분석에서 꿈 해석

The Handling of Dream-Interpretation in Psychoanalysis

〈정신분석 핵심학술지〉는 단지 정신분석적 지식의 진척을 독자들에게 계속 알리고, 이 주제에 대한 비교적 짧은 소논문을 발표하기 위해서 만들어진 것은 아니다. 이 학술지는 또한 이미 알려져 있는 것들의 분명한 윤곽을 배우는 사람에게 제시하고, 분석적 치료에 임하는 초보자들에게 적절한 가르침을 제공하여 그들의 시간과 노력을 절약하는 과업을 성취하고자 함이다. 그러므로 반드시 새로운 내용을 담고 있지 않더라도 가르침을 위한 소논문들과 기법적인 주제를 다룬 글들을 이 학술지에서 보게 될 것이다.

지금 내가 다루려고 하는 문제는 꿈 해석의 기법이 아니다. 또는 꿈이 해석되어야만 하는 방법이나 해석할 때 그러한 해석의 활용을 다루려는 것이 아니라, 환자를 정신분석적으로 치료할 때 분석가가 꿈 해석의 예술을 사용해야만 하는 방식을 다루어보려고 한다. 이 문제를 논의하는 데 다양한 방식이 있다는 것은 의심의 여지가 없지만, 그렇다고 분석 기법의 질문에 대답하는 것이 결코 쉬운 일은 아니다. 분석에는 우리가 따라야 할 좋은 길이 단 하나만 있는 것은 아닐지라도 매우 좋지 않은 길들이 많이 있어서, 다양한 방법들의 비교는 분명 우리에게 빛을 비추어줄 것이다. 이러한 것이 어떤 선호할 만한 특정한 하나를 결정해주는 것으로 귀결되지는 않더라도 그럴 것이다.

꿈-해석에 대한 관심으로 인해 분석적 치료를 하게 된 치료사는 꿈 내용에 계속 관심을 가지고 있기 때문에, 그의 환자가 진술한 모든 꿈들을 가능한 한 충분히 해석하려고 할 것이다. 하지만 그는 곧 자신이 전혀 다른 조건 아래서 작업하고 있고, 만약 그가 자신이 의도한 바를 실행하려고 시도한다면 치료의 당면한 과제와 충돌하게 되었다고 말하게 될 것이다. 환자의 첫 번째 꿈이 초기에 치료사가 설명을 제공하기에 감탄할 만큼 적합한 기회를 주겠지만 신속하게 다른 꿈들이 나타날 것이다. 그러한 꿈들은 매우 길고 모호해서 제한된 한 회기에 온전한 의미를 얻어낼 수 없을 것이다. 만약 치료사가 다음 몇 회기 동안에도 해석 작업을 계속한다면, 그러는 동안 환자는 새로운 꿈들을 가져올 것이고 그 꿈들은 치료사가 첫 번째 꿈이 마침내 해결되었다고 여겨질 때까지 한쪽에 제쳐 놓아야만 한다. 꿈들의 생산은 때때로 매우 풍요롭지만 그 꿈들의 이해는 매우 더디게 진행되는데, 이런 방식으로 자료들이 나타나는 것은 단지 발견을 이용하는 환자의 저항의 표현일지도 모른다는 의구심이 분석가에게 스며들어 올 것이다. 이 방법으로는 이야기 된 것들을 온전히 이해할 수가 없기 때문이다. 더욱이 그러고 있는 동안에 치료는 현재와 꽤 멀리 떨어져 있게 될 것이고 현실과의 접촉을 잃은 상태가 되어 있을 것이다. 이러한 기법에 반해 치료를 위한 가장 중요한 규칙이 있다. 분석가는 언제든 환자 마음의 표면을 항상 인식하고 있어야 하고, 어떤 콤플렉스와 저항이 그때에 그의 내부에서 활동하고 있는지, 그리고 그것에 대한 어떤 의식적인 반응이 그의 행동을 통제하고 있는지 알아야만 한다. 이러한 치료적인 목표를 꿈 해석에 대한 관심으로 인해 희생시키는 것은 거의 대부분 적절하지 않다.

그렇다면, 이러한 규칙을 염두에 둔다면 분석에서 꿈을 해석하는 우리의 태도는 어때해야 할까? 대략 다음과 같은 것을 말할 수 있다. 한 회기에서 성취할 수 있는 해석의 양이면 충분하다고 여겨야 하고, 꿈의 내용이 완전히 발견되지 않을지라도 그것을 상실이라고 여겨서는 안 된다. 그 다음날 환자의 생각의 전경에 어떤 것도 떠오르지 않는 것이 확실할 때까지는 그 꿈의 해석을 다시 시도하는 것을 당연하게 여겨서는 안 된다. 이와 같이 가로막힌 꿈을 해석하고자 환자에게 처음으로 떠오른 것을 첫 번째로 다루어야 한다는 규칙을 깨는 예외를 만들어서는 안 된다. 만약 이전의 꿈을 처리하기 전에 새로운 꿈이 나타나면 최근의 것에 주목하고, 이전의 것을 다루지 않는 것에 대한 불편한 마음을 가질 필요가 없다. 꿈이 지나치게 산만하거나 방대하면 그것을 완전하게 풀겠다는 소망은 처음부터 버려야 한다. 치료사는 꿈 해석에 지극히 특별한 관심을 보이거나 또는 환자가 꿈을 가져오지 않으면 치료 작업이 교착상태에 빠지게 될 것이라는 생각을 환자가 갖지 않도록 조심해야만 한다. 그렇지 않으면 저항의 위험이 꿈을 꾸는 것으로 향할 수 있고, 결과적으로 꿈 꾸는 것을 중지하게 될 수도 있다. 이와는 반대로, 환자는 자신이 꿈을 가지고 오든 그렇지 않든, 또는 그것에 얼마만한 관심을 기울이든 간에 상관없이 분석은 언제나 분석의 연속성에 맞는 자료를 발견하게 될 것이라고 믿을 수 있도록 해주어야 한다.

꿈-해석이 이러한 제한된 조건 아래에서 실행되어야만 한다면, 무의식에 빛을 던져줄 수도 있는 매우 귀중한 자료를 우리가 포기하게 되는 것이 아니냐는 질문을 하게 될 것이다. 이 질문에 대한 대답은 그 상실이 표면적으로 보이는 것처럼 결코 그렇게 크지 않다는 것이다. 우선적으로 말하자면, 심각한 신경증의 사례에서 정교하게 만들어진 꿈은 꿈의 성질상 완전히 해결할 수 없다는 것을 인식해야만 한다. 이러한 종류의 꿈은 종종 그 사례의 전체 병인성 자료에 기초하고 있고 치료사와 환자가 아직 알 수 없으며(소위 말해 '프로그램-꿈, 전기적 꿈), 그리고 그 꿈은 때로는 그 신경증의 전체 내용이 꿈-언어로 번역된 것과 같은 것이다. 그러한 꿈 안에 숨겨진 모든 것을 해석하려고 시도하면 성공하지도 못할뿐더러 저항이 활성화될 것이며 그것을 이해하는 데 한계에 다다르게 될 것이다. 그러한 꿈의 온전한 해석은 전체 분석의 완성과 함께 발생할 것이다. 시작 단계에서 분석가가 주목할 어떤 것이 있었을지라도, 여러 달이 지나고 끝에 가서야 비로소 그것을 이해할 수 있게 될 것이다. 이것은 하나의 증상(아마도 주요 증상)에 대한 설명과 거의 비슷한데, 그것을 설명하기 위해서는 전체 분석이 필요하다. 치료의 과정에서 치료사는 처음에는 그 증상의 의미의 이런 파편을 그 다음에는 저런 파편을 붙잡으려고 노력해야 하는데, 하나하나 그것들을 모두 종합할 수 있을 때까지 그렇게 해야만 한다. 이와 비슷하게, 분석 초기 단계에서 발생한 어떤 꿈에 대해서 그 이상의 것을 기대할 수는 없다. 그래서 해석의 시도가 단 한 개의 병인적 소망 충동만을 밝혀줄지라도 만족해야만 한다.

따라서 완전한 꿈-해석에 대한 생각을 포기할지라도 얻을 수 있는 어떤 것도 단념하는 것은 없다. 또한 상대적으로 오래된 꿈의 해석을 중단하고 좀 더 최근의 꿈으로 전환할지라도 잃는 것은 아무것도 없다. 우리가 완전히 분석된 꿈의 좋은 예로부터 발견한 것은 하나의 꿈에 연이은 몇 개의 장면이 같은 내용을 가질 수 있고, 그러한 장면들에서 점점 분명하게 표현될 수도 있다는 것이다. 우리는 또한 하루 저녁에 발생한 몇 개의 꿈들이 하나의 의미를 다양한 형식으로 표현하기 위한 시도들이라는 것을 알게 되었다. 대체로, 오늘의 꿈을 만들어낸 모든 소망 충동은 그것이 이해되지 않거나 무의식의 통제에서 벗어나지 않는 한 다른 꿈들에서 다시 나타나게 될 것이라고 확신해도 된다. 그러므로 꿈의 해석을 완성하는 가장 좋은 방법이 그것을 그대로 내버려두고 같은 내용이 더욱 이해하기 좋은 형태로 나타난 새로운 꿈에 전념하는 것일 때가 종종 있다. 환자뿐만 아니라 치료사도 치료기간 동안 그들의 의식의 목적론적 목표를 포기하고, 우리에게 여전히 '우연'으로 보이는 것에 안내를 맡기라는 것이 많은 설명에도 불구하고 어려운 요청이라는 것을 나는 알고 있다. 하지만 이에 대한 나의 대답은 다음과 같다. 어떤 이가 자신의 이론적 원칙에 신념을 갖기로 결심하고, 고리들의 연결을 만들어주는 무의식의 안내에 반박하지 않는다면, 그는 항상 보상을 받을 것이다.

그러므로 분석적 치료에서 꿈-해석은 그 자체를 위한 예술로서 추구해서는 안 되며, 치료의 운영을 전체적으로 인도하는 기법적 규칙에 준하여 그것을 다루어야 한다. 물론, 경우에 따라 다르게 할 수도 있고 그 치료사의 이론적인 관심에 따라서 약간의 자유는 허용된다. 하지만 그 사람은 자신이 무엇을 하고 있는지 항상 인식하고 있어야 한다. 우리가 고려해야 할 또 다른 상황이 있는데, 꿈-상징에 대한 우리의 이해에 더욱 강한 확신을 가지게 되면서 환자의 연상에만 의존하지 않아도 된다는 것을 알게 되면서 일어난 상황이다. 특별히 솜씨 좋은 꿈 해석자는 때때로 꿈을 작업하는 데 거쳐야 하는 지루하고 많은 시간을 요하는 과정을 거치지 않고도 한 환자의 모든 꿈 하나하나를 꿰뚫어 볼 수 있는 위치에 자신이 있다는 것을 발견하게 될 것이다. 따라서 그러한 분석가는 꿈 해석의 요구사항과 치료의 요구사항 사이의 어떠한 갈등으로부터도 면제되어 있다. 더욱이 그는 모든 경우에 환자의 꿈에서 감지한 모든 것을 환자에게 말하는 것으로 꿈 해석을 충분히 활용하고 싶어질 것이다. 그러나 이렇게 하면, 그는 이미 세워진 치료법에서 상당히 벗어난 방법을 사용하게 되는 것인데, 이 문제를 다른 곳에서 설명하도록 하겠다. 정신분석 치료의 초보자는 어떠한 경우라도 이러한 예외적인 경우를 모델로 취하지 않기를 권한다.

환자가 꿈을 해석하는 방법에 대해서 어떤 것도 배우기 전에 가지고 오는 초기의 꿈들에 대해서는, 우리가 마음속에 바라면서 그렸던 것처럼 모든 분석가는 환자보다 그 꿈을 훨씬 더 잘 해석할 수 있는 위치에 있다. 이러한 초기의 꿈들은 말하자면 꾸밈이 없어서, 소위 건강한 사람들의 꿈처럼 듣는 사람에게 매우 많은 것을 누설한다. 이런 경우에 질문이 생긴다. 분석가는 즉시 꿈에서 읽어낸 모든 것을 환자에게 말해주어야 하는가? 이것은 이곳에서 대답할 문제가 아닌데, 이것이 명백하게 좀 더 큰 질문을 생기게 하기 때문이다. 즉, 분석가는 치료의 어떤 단계에서 그리고 얼마나 신속히 환자에게 아직 분명하게 드러나지 않은 그의 마음에 대한 지식을 소개해야만 하는가? 환자가 꿈 해석의 방법을 배우면 배울수록 대체로 그 후의 꿈들은 더욱 모호해진다. 꿈에 대해서 습득된 모든 지식은 꿈을 만드는 과정에 경계를 더하게 만든다.

꿈에 대한 '과학적' 연구들은 꿈의 해석을 거부했음에도 불구하고 정신분석으로부터 새로운 자극을 받았는데, 그 연구들에서 꿈의 본문의 정확한 보존을 위한 세심한 노력이 매우 불필요하게 쓰이고 있다는 것을 거듭 발견하게 된다. 깨어난 직후부터 시간이 흐르면서 일어나는 왜곡과 잊어버리는 것을 막을 필요가 있다고 생각했을 것이다. 어떤 정신분석가들은 환자에게 깨어나는 즉시 모든 꿈을 적으라는 지침까지 주곤 하는데, 그들은 꿈―형성의 조건에 대한 자신들의 지식에 일관성 있게 의존하지 않는 것으로 보인다. 치료 작업에서 이러한 규칙은 과잉이다. 환자들은 기꺼이 잠을 방해하면서까지 그것을 활용하려고 하고 대단한 열정을 보이지만 이것은 유익한 목적에 기여하지 않는다. 이러한 방법으로 꿈의 내용을 망각으로부터 힘들게 구출했을지라도 그 환자를 위해서는 아직 아무것도 이룬 것이 없다는 것을 알기란 그렇게 어렵지 않다. 연상은 그 내용에 대해서 잘 일어나지 않을 것이고, 결과는 마치 그 꿈을 기억하지 못하고 있는 것처럼 될 것이다. 분명, 그 치료사는 이렇게 하지 않았더라면 얻지 못할 수도 있는 어떤 지식을 얻었을 것이다. 그러나 분석가가 어떤 것을 아는 것과 환자가 어떤 것을 아는 것은 같은 것이 아니다. 정신분석의 기법에서 이러한 차이점의 중요성은 다른 곳에서 충분히 다루게 될 것이다.

　　　끝으로, 어떤 특정한 유형의 꿈들에 대해서 언급하고자 한다. 이런 꿈들은 본질상 정신분석적 치료의 과정에서만 발생하고, 아마도 초보자들을 당황스럽게 하고 잘못된 곳으로 인도할 수도 있다. 이 꿈들은 이를테면 '뒤를 따라다니는' 것을 확증하는 꿈들이다. 이런 꿈들은 분석하기가 어렵지 않은데, 치료가 지난 몇 회기 동안에 연상 자료를 통해서 무엇을 추론했는지를 단순히 보여준다고 해석할 수 있다. 이러한 것이 발생했을 때, 마치 우리가 그 전날에 환자에게 "암시했던" 바로 그것을 꿈 형태로 가져올 만큼 그가 우호적인 것처럼 보인다. 경험이 많은 분석가는 틀림없이 그러한 우호감을 그 환자가 가지고 온 것이라고 하기에는 어려운 점이 있다고 생각할 것이다. 그 분석가는 그러한 꿈을 바라고 있었던 확인으로 받아들이고, 치료의 영향에 의해서 생긴 어떤 조건 아래서 그것을 관찰해야만 한다는 것을 인식하고 있다. 대부분의 꿈은 분석에 앞서서 나아간다. 그래서 그 꿈에서 이미 알고 있고 이해한 모든 것을 뺀 후에도, 거기에는 여전히 지금까지 숨겨져 있는 것에 대한 좀 더 분명한 힌트가 남겨져 있다.

전이의 역동

전이의 역동
Dynamics of Transference

    "전이"에 대한 거의 무궁무진한 논제를 최근 빌헬름 슈테켈Wilhelm Stekel이 이 〈핵심학술지〉에서 묘사적인 방법으로 다루었다.[1]

    나는 앞으로의 글에서 어떻게 전이가 정신분석적 치료 동안에 필연적으로 일어나게 되고, 어떤 역할을 하게 되는지 몇 마디 설명하려고 한다.

    각 개인은 타고난 기질과 어린 시절 동안 받게 되는 영향들을 통해서 애정관계에 대한 자신의 특정한 방법을 획득한다는 것을 이해해야만 한다. 즉, 사랑에 빠지는 전제 조건들, 그가 충족하려는 추동들drives, 그리고 그 과정에서

---

(1) 〈정신분석 핵심학술지 Zentralblatt für Psychanalyse〉

그가 얻으려는 목표들과 같은 것들이다.[(2)]

　　그러한 특정한 방법은 계속해서 반복되는 하나의 전형화된 판[Klischee], 혹은 여러 개의 판들을 만들어내며, 이러한 판들은 그 사람의 삶의 여정에서 계속적으로 반복되고 계속적으로 재판을 새롭게 찍어낸다. 이런 것은 그가 만나게 되는 외부 환경과 사랑 대상의 본질이 그것을 허용하는 경우에 가능하게 되지만, 최근의 경험들을 직면하면서 그 판이

---

(2) 내가 유아기의 영향을 강조하고 있기 때문에 타고난 요소의 중요성을 부인하고 있다는 부당한 비판에 대해서 나 자신을 방어하는 기회를 갖고자 한다. 이와 같은 비난은 인과 관계의 영역에서 인간이 찾고 있는 것의 제한된 본질로부터 일어난 것이다. 현실 세계에서 흔히 중요하게 여기는 것과는 대조적으로 사람들은 단 하나의 원인요소에 만족하는 경향이 있다. 정신분석은 병인론에서 우발적인 요소에 대해서 많은 것을 이야기하고 있고 기질상의 요소에 대해서는 거의 이야기하고 있지 않다. 그러나 그것은 단지 이러한 것이 전자에 새로운 어떤 것을 기여할 수 있기 때문이고, 정신분석은 아직은 후자에 대해서 일반적으로 알고 있는 그 이상 알지 못한다. 우리는 원칙적으로 두 가지 종류의 병인적 요소들 사이에 조금의 대립도 가정하는 것을 거부한다. 그와는 반대로, 우리는 이 두 종류가 관찰된 결과를 초래하는 데 어김없이 함께 활동한다고 추정한다. 타고난 자질과 우연한 사건Δαμων και Τυχη이 사람의 운명을 결정하는데, 이러한 힘들 중 하나만 그런 경우는 드물든지 그렇지 않으면 결코 없다. 그것들 각각에 기여하는 병인적 영향력의 양은 각 개인의 경우에 따라 개별적으로 결정된다. 양쪽 요소가 조합된 다양한 비율에 따라 하나의 시리즈 안에서 이러한 경우가 정해진다. 물론 이 시리즈가 극단적인 경우를 가질 수 있다. 우리는 각 개인의 경우에서 기질과 경험에 의해서 다르게 취해진 분량을 우리의 앎이 도달한 단계에 따라서 추정할 수 있다. 우리는 우리의 이해의 변화에 따라 우리의 판단을 변경할 수 있는 권리를 지니고 있다. 그런데 어떤 이는 기질 자체를 끝없이 긴 우리의 선조의 계보에서 발생했던 우발적인 영향의 침전물로 여길 수 있다.

전혀 변하지 않는 것은 아니다. 우리의 관찰에 따르면, 삶의 여정을 결정하는 충동의 일부분만이 충분한 심리적 발달 과정을 거쳐 간다. 현실로 향해 있는 이러한 부분은 의식적 성격이 활용할 수 있는 곳에 있으며 성격의 한 부분을 형성한다. 한편, 리비도적 충동의 다른 부분은 발달 과정에서 붙잡혀 있다. 이 부분은 의식적 성격과 현실로 나오는 것이 억제된 채로 있으며, 환상 속에서를 제외하고는 더 이상의 확장을 하지 못하게 되어 있거나, 완전히 무의식에 남아 있어서 인격의 의식이 그것을 모르고 있다. 만약 사랑의 욕구가 현실에서 완전히 충족되지 않으면, 그 사람은 리비도 충족의 기대를 가지고 만나게 되는 새로운 모든 사람들에게 접근하게 되어 있다. 그의 리비도의 양쪽 부분, 즉 의식이 될 수 있는 부분과 무의식에 남아 있는 부분이 그러한 태도를 형성하는 데 기여할 것이다.

따라서 어떤 이의 부분적으로 만족하지 못했던 리비도가 기대하면서 준비되어 있다가 의사라는 인물에게로도 향하게 되는 것은 전적으로 정상이고 이해할 만한 일이다. 우리가 이전에 가정했던 것처럼, 이러한 에너지의 투자는 원형들prototypes을 사용할 것인데 환자 안에 있는 정형화된 판들 중 하나에 그 에너지를 밀착시키는 일이 발생할 것이다.

또는 다른 방식으로 말하자면, 이 에너지의 투자는 환자가 이미 형성했던 심리적 '시리즈들' 중의 하나로 의사를 데려가 줄 것이다. 아버지—이마고Father-Imago(융이 소개했던 적절한 용어)[3]가 이러한 일들이 생기게 하는 결정적인 요소이기는 하지만 그 결과는 내담자가 의사와 가졌던 실제 관계와 부합할 것이다. 그러나 전이는 이런 특정한 원형과만 묶여 있는 것이 아니며, 그것은 또한 아마도 어머니 이마고 또는 형제 이마고와 관련되어 일어나게 될 것이다. 치료사와의 전이의 독특성들은 지각적인 그리고 이성적인 토대에서 정당화할 수 있는 범위를 그 양amount과 성질nature 모든 면에서 초과하기 때문에, 이러한 전이가 의식적으로 기대하는 생각들뿐만 아니라 억제되어 있거나 무의식으로 있던 것들에 의해서도 발생한다는 것을 명심한다면 이해할 수 있게 된다.

이러한 전이의 성질에 대해서 정신분석이 특별한 관심을 가지고 있는 두 가지 문제점이 설명할 수 없는 채로 남아 있지만 않다면 더 이상의 논의나 걱정을 할 필요가 없을 것이다. 첫째, 우리는 왜 전이가 분석을 받지 않는 사람들보다 분석 중에 있는 신경증 환자들에게서 그렇게 강하게 일

---

(3) 《리비도의 변형들과 상징들》, 〈정신분석 연보〉 III, 164쪽

어나는지 이해하지 못한다. 두 번째, 왜 분석에서는 전이가 치료에 가장 강력한 저항으로 나타나는 반면, 분석 밖에서는 치료의 매개물이고 성공의 조건으로 여겨질 수밖에 없는가는 여전히 난제로 남아 있다. 환자가 자유연상이 잘 안 될 때,[4] 치료사나 또는 치료사와 관련된 생각이 그를 억누르고 있다는 주장을 통해서 이러한 멈춤은 예외 없이 제거될 수 있다는 것을 우리의 경험이 보여주었고, 우리가 원할 때마다 거듭 확인시켜주었다. 이러한 설명이 주어지자마자 그 멈춤은 제거되거나, 또는 연상이 실패했던 상황으로부터 연상을 보류하는 상황으로 변하게 된다. 언뜻 보기에, 다른 곳에서는 성공을 위한 가장 강력한 요인이 변해서 가장 힘센 저항의 매개가 되는 이런 방법은 분석에서 매우 불리할 것처럼 보인다. 그러나 그 상황을 더욱 자세히 조사해보면, 우리는 적어도 우리의 두 가지 문제들 중 첫 번째 것을 해결할 수 있다. 전이가 정신분석 바깥에서보다 분석 동안에 더욱 강렬하게 일어나고 억제력이 부족하다는 것은 사실이 아니다. 신경성 환자들이 비분석적 방법으로 치료받는 시설들에서도 전이가 극도로 강렬하게 발생하는 것을 관찰할 수 있다. 또한 이러

---

(4) 연상이 정말로 멈추었을 때를 의미하는 것이지, 예를 들면 일상적인 불쾌한 감정들 때문에 환자가 그것을 억누르는 경우를 말하는 것이 아니다.

한 것은 매우 사소한 형태에서 발생하고 정신적 속박으로까지 연결되어 있으며, 매우 명백하게 에로틱한 색체를 드러낸다. 가브리엘레 로이터Gabriele Reuter는 정신분석과 같은 것이 아직 없었을 때에 이러한 것을 예리한 관찰력으로 묘사했었다. 그녀의 책은 신경증의 본질과 기원에 대한 명확한 통찰력을 보여주었다.[5] 따라서 전이의 이러한 특징은 정신분석 때문에 생긴 것이 아니라 신경증 그 자체 때문이다.

우리가 다루지 않은 채 남겨 두었던 두 번째 문제, 왜 전이는 정신분석에서 저항으로 보이는가에 대한 문제를 지금 더욱 면밀하게 접근해보자. 자, 치료하는 동안의 심리적인 상황을 그려보자. 정신신경증의 모든 시작의 변치 않는 그리고 절대 필요한 전제 조건은 융이 '내향성introversion'이라고 적절한 이름을 붙인 그 과정이다.[6] 말하자면, 의식 될 수 있고 현실로 향해 있는 리비도의 부분은 감소하고, 현실로부터 멀어지려고 하고 무의식으로 있는 부분은 상대적으로 증가하는데, 그 사람의 환상에 영양분을 제공해줄지라도 여전히 무의식에 속해 있다. 전체적으로든 또는 부분적으로든 그 리비

---

(5) Aus guster Famiie, 베를린, 1895.

(6) 융의 발언들 중 몇몇은 융이 이러한 내향성을 조발성 치매증의 특징이라고 여기고 있고 다른 신경증들에서는 같은 방법으로 설명하지 않는다는 인상을 준다.

도는 퇴행적인regressive 길로 들어서고 그 사람의 유아기의 이미지들을 되살린다.(7) 분석적 치료는 그것을 계속해서 따라가서 그 리비도를 찾아내 의식과 접촉되도록 시도하고, 그래서 마침내 현실에 사용될 수 있게 한다. 분석의 이러한 탐구가 리비도의 은신처에 도달하게 되었을 때 투쟁이 벌어진다. 즉, 그 리비도를 퇴행하게 했던 모든 힘들이 분석적 작업에 반하는 '저항'으로 일어나게 될 것이다. 이것은 새로운 상태가 되는 것을 막기 위해서이다. 리비도의 내향성이나 퇴행이 그 사람과 외적 세계 사이의 하나의 특정한 관계(가장 일반적인 말로 하자면 만족의 거절)로 인해 타당하다고 여겨지지 않았고, 그 당시에 유리한 방편이 아니었다면 그것은 애초에 결코 발생하지 않았을 것이다. 하지만 이러한 원천으로부터의 저항이 유일하거나 또는 가장 강력한 것은 아니다. 그 사람의 성격의 배열에서 리비도는 항상 그의 무의식적 콤플렉스들(좀 더 정확하게 하자면, 무의식에 속해 있는 콤플렉스들의 부분)의 끄는 힘의 영향력 아래 있고 퇴행적인 경로로 들어가는데, 현실의 끄는 힘이 축소되었기 때문이다. 그것을 자유롭게 하기 위해서 무의식의 끄

---

(7) 만약 '그의 유아기 "콤플렉스들"에 다시 에너지를 투자한다.'라고 말할 수 있다면 편리할 것이다. 하지만 이런 말은 정확하지 않을 것이다. 이것을 적절하게 표현하는 방식은 '그런 콤플렉스들의 무의식적 부분'이라고 하면 될 것 같다.

는 힘이 극복되어야만 한다. 즉, 그 사람 안에 자리 잡고 있었던 무의식적 본능의 그리고 그것의 생산물의 억압이 제거되어야만 한다. 이것이 그 어떤 것보다 저항의 가장 큰 원인이 되고, 현실로부터 멀어지는 것의 한때의 정당성이 상실된 후 조차도 그 병을 지속하게 한다. 분석은 이러한 원천으로부터 생긴 저항과 고투해야만 한다. 저항은 한걸음 한걸음 치료와 동행한다. 치료 중에 있는 사람 각각의 연상과 각각의 행동은, 저항과 함께 고려되어야 하고 회복을 향한 노력과 그 반대되는 힘들 사이의 타협을 나타낸다.

만약 지금 우리가 발병의 원인이 되는 콤플렉스를 의식에서의 나타남(증상의 한 형태에서 분명한 것이든 또는 거의 눈에 띄지 않는 것이든)에서부터 무의식에 있는 그 뿌리로 따라간다면, 우리는 어떤 영역으로 들어가게 될 것이다. 그 영역에서는 저항이 거세져서 매우 분명하게 자신을 드러내기 때문에 그 다음의 연상은 반드시 그 저항과 관련되어 있으며 저항의 요구와 조사 작업의 요구 사이의 타협으로서 나타나게 된다. 우리의 경험에 따르면, 이 시점에서 전이가 등장하게 된다. 콤플렉스의 자료(콤플렉스의 내용물)의 어떤 것이든 치료사라는 인물에 전이되는 것이 적합하게 되었을 때 전이는 실행된다. 그리고 이것은 그 다음 연상을 만들어내고, 저항의 징후(예를 들면, 멈춤에 의해서)로 자신을 나타낸다. 우리는 이러한 경험으로부터 전이—생각transference-idea이 다른 어떤 가능한 연상 앞에서도 의식으로 파고 들어오는데, 이것이 저항을 만족시켜 주기 때문이라고 추론한다. 이런 종류의 사건은 분석 과정에서 무수히 많은 경우로 반복된다. 거듭 거듭, 우리가 발병의 원인이 되는 콤플렉스에 가까이 가게 되었을 때, 전이를 일으킬 수 있는 콤플렉스의 부분이 첫 번째로 의식으로 밀려나오고 그리고 최대로 완강하게 방어된다.[8]

이것이 극복된 후, 그 콤플렉스의 다른 부분들을 극복하는 것은 몇 가지 다른 어려움을 일으킨다. 분석적 치료가 지속되면 될수록, 그리고 환자가 더욱 분명하게 발병 원인 자료의 왜곡이 그 자체로는 이 자료가 드러나는 것에 어떤 보호막도 제공할 수 없다는 것을 깨닫게 되면 될수록, 환자는 더욱 계속해서 자신에게 가장 큰 이점을 주는 한 가지 종류의 왜곡을 사용하게 된다. 즉, 전이를 통한 왜곡이다.

---

(8) 하지만 이것 때문에 전이—저항을 위해서 선택된 요소가 특이한 병인적 중요성을 가지고 있다고 결론 내려서는 안 된다. 만약 전투의 과정에서 어떤 작은 교회나 어떤 개인 농장의 소유를 둘러싸고 격렬한 싸움이 있다고 하더라도 그 교회를 국가적 성지로 가정한다든지 또는 그 집에 군수품이 숨겨져 있다고 가정할 필요는 없다. 그 대상의 가치는 오로지 전략적인 것일 수도 있고, 이 하나의 싸움에서만 나타날 수도 있다.

이러한 상황은 마침내 각 갈등이 전이의 영역에서 싸워 없애야 하는 국면으로 되는 경향이 있다.

따라서 분석적 치료에서 전이는 예외 없이 처음에는 우리에게 저항의 가장 강력한 무기로 보인다. 그리고 우리는 아마도 전이의 강력함과 지속성이 저항의 영향이고 표현이라고 결론 내릴 것이다. 전이의 메커니즘은 우리가 유아기 이마고들을 보유하고 있는 리비도의 준비의 상태까지 거슬러 올라갔을 때 다루어질 수 있다. 하지만 전이가 치료에서 하는 역할은 우리가 저항과 전이의 관계로 들어갈 때에만 설명될 수 있다.

어떻게 전이는 이렇게 감탄할 만큼 저항의 수단으로 적합하게 된 것일까? 그리 큰 어려움 없이 이 질문에 대답할 수 있을 것이라고 생각할 수 있는데, 어떤 금지된 소망 충동을 그 충동이 향하고 있는 바로 그 사람 앞에서 인정한다는 것이 특별히 어렵다는 것은 분명하기 때문이다. 이러한 필요성이 어떤 상황을 불러일으키는데 이것은 현실 세계에서는 거의 가능하지 않은 것이다. 이것이 환자가 자신의 정서적 충동의 대상을 치료사와 일치하게 만들 때 겨냥하는 바로 그것이다. 그렇지만 좀 더 생각해보면 이러한 외견상의 수확은 그 문제의 해결을 제공할 수 없다는 것을 알게 된다. 참으로, 애정이 깊고 헌신된 의존의 관계는 어떤 것을 인정하는 데 있어서의 모든 어려움을 극복할 수 있게 도울 수 있다. 유사한 실제 상황에서 사람들은 대개 이렇게 말한다. "나는 당신 앞에서는 수치감을 느끼지 않습니다. 나는 당신에게 어떤 것도 말할 수 있습니다." 따라서 의사에게 향한 전이는 인정하는 것을 촉진하는 것으로도 기능할 수 있는데, 그것이 왜 일을 더욱 어렵게 만드는지 분명하지 않다.

이 글에서 자주 반복되는 질문에 대한 대답은 더 이상의 숙고로 도달할 수 있는 것이 아니라, 우리가 치료 동안에 일어나는 개별적인 전이–저항을 조사했을 때 발견하는 것으로 가능한 것이다. 우리가 '전이'에 대해서 단순하게 생각하면 결국에는 전이가 저항으로 채용되는 것을 이해할 수 없다는 것을 알게 된다. 우리는 '긍정적인' 전이를 '부정적인' 것으로부터, 즉 다정한 느낌의 전이를 적대적 느낌의 전이로부터 구별하려고 마음을 먹고 있어야 하고, 의사에게 향한 두 가지 종류의 전이를 구별해서 다루어야 한다. 긍정적 전이는 의식으로 나올 수 있는 우호적 또는 다정한 느낌의 전이와 그러한 느낌이 무의식으로 연장된 전이로 좀 더 나눌 수 있다. 후자와 관련하여, 분석은 그것이 예외 없이 에로틱 근원으로 내려간다는 것을 보여준다. 그리고 우리의 삶을 좋게 만드는 동정, 우정, 신뢰 등의 모든 정서적인 관계들도 본질적으로 성sexuality과 연결되어 있고, 우리의 의식이 인식하기에는 순수하고 관능적이지 않게 보일지라도 그러한 관계들도 실은 성적 욕구로부터 성적 목표를 부드럽게 하는 것을 통해서 발전한 것이다. 원래 우리는 오직 성적 대상만을 알고 있었다. 그리고 정신분석이 우리에게 보여주는 것은, 우리의 실제 삶에서 단지 존경받고 추앙받은 사람들도 우리의 무의식에는 여전히 성적인 대상이라는 것이다.

따라서 수수께끼의 해결은 이렇다. 치료사에게 향한 전이가 부정적 전이거나 또는 억압된 에로틱 충동의 긍정적 전이일 때에만 치료에서 저항이 된다는 것이다. 만약 우리가 이 전이를 의식으로 만드는 것으로 '해제'한다면, 우리는 정서적 행위에서 오직 이 두 가지 요소들만을 치료사인 그 사람으로부터 떼어 놓는 것이다. 의식에서 받아들일 수 있고 불쾌하게 생각되지 않는 다른 요소는 계속 지속되며, 그것이 다른 치료의 방법들에서 그랬던 것처럼 정신분석에서 성공의 수단이 된다. 이 정도까지는 정신분석의 결과가 암시에 의지한다는 것을 기꺼이 인정한다. 암시에 대해서 페렌치Ferenczi[9]

---

(9) 페렌치, 내사와 전이, 〈정신분석연보〉, 1909

가 이해했던 것처럼 우리는 전이 현상에 의해서 생기는 한 사람의 영향(그의 사례에서 가능하게 되는)을 이해해야만 한다. 우리는 환자의 최종적인 독립을 암시를 사용하는 것으로 해결하는데, 그가 그의 심리적 상태에 필요했던 영구적인 호전을 가지게 하는 심리적 작업을 성취하게 하기 위해서이다.

왜 전이의 저항 현상이 정신분석에서만 나타나고 다른 치료의 형태들(예를 들면, 정신병원)에서는 나타나지 않는지에 대한 질문이 아마도 생길 것이다. 대답은 그러한 현상은 다른 상황에서도 나타난다는 것이다. 부정적 전이를 일으키는 것은 정신병원에서 사실 꽤 흔한 일이다. 환자들이 부정적인 전이에 지배를 받게 되면, 변하지 않은 상태, 또는 재발된 상태로 병원을 떠난다. 에로틱 전이는 정신병원에서는 그렇게 억제하는 영향력이 있지 않은데, 그러한 병원에서는 일상적인 삶에서처럼 알아내기보다는 얼버무리고 넘어가기 때문이다. 하지만 이것은 꽤 분명하게 회복에 대한 저항으로 나타나는데, 환자를 그 병원에서 쫓아내게 하는 것으로써가 아니라(그와는 반대로 환자를 병원에 붙잡아두게 한다) 삶으로부터 멀리 떨어져 있게 하는 것으로써 그렇다는 것이다. 회복의 견지에서 보면, 그 환자가 이런 저런 불안이나 억제를 그 병원 안에서 극복했는지는 정말 중요하지 않다. 진정으로 중요한 것은 그가 실제 삶에서도 그것으로부터 자유로워지는 것이다.

부정적 전이는 세밀한 연구가 필요하지만 지금은 이 글의 한계로 인해서 그렇게 할 수 없다. 치료할 수 있는 정신신경증의 형태들에서, 부정적 전이는 애정이 넘치는 전이와 함께 발견되어지고, 종종 같은 사람에게 동시에 향해 있다. 블로일러Bleuler는 이러한 현상을 설명하기 위해서 '양가감정ambivalence'이라는 뛰어난 용어를 생각해냈다.[10] 어느 정도까지는 이러한 종류의 양가감정은 정상으로 보이지만, 매우 강한 양가감정은 확실히 신경증 환자들의 독특한 특징이다. 강박 신경증 환자 안에 있는 '반대의 것들의 쌍'의 이른 시기의 분리는 그들의 본능적 삶의 특징이고 구조상의 필수조건들 중 하나인 것처럼 보인다. 신경증 환자들의 정서적 경향성들 중 양가감정은 전이를 저항으로 이용할 수 있는 그들의 능력을 가장 잘 설명해준다. 전이를 위한 능력이 피해망상 환자들의 경우에서처럼 본질적으로 부정적인 면에만 한정되었을 때 치료나 어떤 영향의 가능성은 멈추게 된다.

그런데 지금까지의 이러한 모든 숙고에서 우리는

---

[10] 블로일러, 1911, 43~44와 305~306. 1910년 블로일러가 베른에서 발표한 양가감정에 대한 강의가 〈정신분석 핵심학술지〉에 실렸다. 슈테켈은 같은 현상에 대해서 '양극성bipolarity'이란 용어를 제안했다.

전이 현상의 한 측면만을 다루었다. 우리는 우리의 관심을 같은 주제의 다른 면으로 돌려야만 한다. 분석 중에 있는 사람이 상당한 전이-저항의 영향 아래 놓이게 되면 곧 치료사와의 실제의 관계에서 뛰쳐나가게 되는데 그 방식에 대한 올바른 인식을 가진 사람이라면, 어떻게 그 환자는 마음에 떠오르는 어떤 것이든 비판 없이 말해야만 하는 정신분석의 근본 규칙을 자유롭게 무시하게 되고, 어떻게 치료를 시작했을 때의 의도를 잊어버리게 되며, 어떻게 잠시 동안이지만 커다란 영향을 주었던 합리적인 논증과 결론을 무관심으로 대하게 되는지, 이런 모든 것을 관찰한 사람이라면 우리가 지금까지 이미 추론했던 것들 외에 다른 요소들에 대해 갖게 된 그의 느낌을 이해할 필요가 있다고 느낄 것이다. 그러한 요소들을 멀리서 찾을 필요가 없는데, 환자가 치료로 인해서 놓이게 된 심리적 상황으로부터 그것들이 나타나게 된다.

환자의 의식으로부터 벗어났던 리비도를 찾는 과정에서, 우리는 무의식의 영역으로 꿰뚫고 들어간다. 우리가 유발한 반응은 동시에 꿈의 연구로부터 알게 된 특징의 어떤 부분을 드러낸다. 무의식적 충동은 치료가 바라는 방향으로 기억되는 것을 원하는 것이 아니라 무의식의 무시간성과 환각능력에 따라 그것을 재현하려고 애쓴다. 꿈에서 발생한 것처럼, 환자는 그의 무의식적 충동의 깨어남의 산물을 현재의 것으로 그리고 실제의 것으로 여긴다. 그는 자신의 열정을 실제 상황에 대한 어떤 고려도 없이 행동으로 옮기려고 한다. 치료사는 환자에게 이러한 정서적 충동을 치료와 그의 삶의 역사의 맥락으로 가져오고, 그것을 지성적 고려에 맡겨서 심리적 의미의 견지에서 이해할 수 있도록 노력해야 한다. 치료사와 환자 사이의, 지성과 본능적 삶 사이의, 그리고 이해와 행동으로 나가려는 것 사이에서의 이러한 힘든 투쟁이 전이의 현상에서 펼쳐진다. 이 싸움터에서 승리는 쟁취되어야만 한다. 그 승리는 신경증의 영구적인 치료를 선언하는 것이다. 전이 현상을 잘 다루는 것이 정신분석가에게 매우 어렵다는 것은 반박의 여지가 없다. 하지만 우리에게 환자의 숨겨진 그리고 잊혀진 에로틱 충동을 즉각적이고 분명하게 만들어주는 귀중한 역할을 하는 것이 바로 그것임을 잊어서는 안 된다. 모든 것을 고려해볼 때, 그 자리에 없거나 직접 만나지 않고 누군가를 파괴하는 것은 불가능하다.

정신분석을 시행하는 치료사들에게 주는 권고

(출처 : 크리에이티브 커먼즈)

정신분석을 시행하는 치료사들에게 주는 권고
Recommendations to Physicians Practising Psychoanalysis

내가 여기에서 제안하고자 하는 기법적인 규칙들은 오랜 세월 동안의 경험에서 좋지 않은 결과들을 낳았던 방법들을 포기한 후에 얻게 된 것이다. 그러한 규칙들을(또는 적어도 그것들의 많은 부분이) 하나의 지침으로 요약하는 것이 쉽게 보일 것이다. 내가 바라는 것은 그것들의 관찰을 통해 분석을 하는 치료사들로 하여금 불필요한 많은 노력을 하지 않게 하고, 간과할 수 있는 것들에 대해서 조심하게 하는 것이다. 하지만 내가 분명히 하고 싶은 것은 이 기법이 나의 개인적인 특성에 적합한 것이라는 점이다. 다른 성격을 가진 치료사는 그의 환자들과 자신 앞에 놓인 임무에 대해서 다른 태도를 취하게 되는 것을 나는 감히 부인하지 않는다.

가) 하루에 한 명 이상의 환자를 만나는 분석가가

직면하는 첫 번째 문제는 그에게 매우 어려운 것처럼 보일 것이다. 그것은 각각의 환자들이 몇 달 그리고 몇 년 동안 치료에서 소통한 무수한 이름들, 날짜들, 상세한 기억들, 병리적 결과들 모두를 기억하고 있어야 하고, 같은 시기에 치료받고 있거나 또는 이전에 치료받았던 다른 환자들이 제공한 비슷한 자료들과 혼동하지 않는 과제이다. 하루에 6, 7, 8명 또는 그 이상의 환자들을 분석해야 한다면, 이것을 성취하는 데 써야 되는 기억의 재주는 지식이 없는 관찰자들에게는 불신, 놀라움, 또는 동정도 불러일으킬 것이다. 어쨌든 그러한 풍부한 자료를 숙달할 수 있게 해주는 기법에 대해서 호기심이 일어날 것이고, 이 목표를 달성하기 위해서 어떤 특별한 방책이 필요할 것이라고 생각하게 될 것이다.

　　　하지만 그 기법은 매우 간단하다. 앞으로 우리가 보게 되겠지만, 어떤 특별한 방편(필기하는 것조차도)을 사용하지 않는다. 이것은 단순히 치료사의 신경을 특별히 어떤 것에 집중하지 않고, 한결같이 '균일하게 유예되어 있는 주의집중evenly suspended attention'(나는 이렇게 불러왔다)을 유지하는 것에 있다. 이 방법으로 우리의 주의력에 주어지는 중압감을 줄일 수 있는데, 그렇지 않으면 우리는 하루에 몇 시간 동안도 주의력을 지속할 수는 없을 것이다. 그리고 어떤 것에 의도적으로 주목하는 것으로부터 생길 수밖에 없는 위험을 우리는 피할 수 있다. 누구든 그의 관심을 어느 정도 의도적으로 집중하자마자 그는 자신 앞에 놓인 자료들에서 선택하기 시작한다. 어느 시점이 되면 그는 특정한 분명함에 고정되어지고, 이와 상응하여 다른 것들을 무시하게 되고, 이런 선택을 하게 되면 그는 자신의 예상과 의향을 쫓아가게 될 것이다. 이것이 해서는 안 되는 바로 그런 것이다. 이런 선택을 하게 되면 그는 자신의 예상을 따라가게 되고, 그가 이미 알고 있는 것 외에 어떤 것도 발견할 수 없는 위험에 처하게 된다. 그리고 그의 의향을 쫓아가면 그는 틀림없이 자신이 지각하는 것을 위조하게 될 것이다. 우리가 듣는 것은 대개 그것의 의미를 나중에 가서야 비로소 알게 된다는 것을 잊어서는 안 된다.

모든 것에 동등한 관심을 두는 규칙은 환자에게 요청된 요구, 즉 그에게 떠오른 모든 것을 비판하거나 선택하는 것 없이 소통해야만 한다는 요구에 필수적으로 상응하는 것이다. 치료사가 다르게 처신한다면, 환자가 '정신분석의 근본적인 규칙'을 따르는 것으로 얻어질 수 있는 이점의 대부분을 버리는 것이다. 치료사를 위한 규칙은 이렇게 표현될 수 있다. '그는 주의집중의 능력에서 모든 의식적 영향을 빼고, 그의 "무의식적 기억"에 온전히 자신을 맡겨야 한다.'

또는, 이것을 순수하게 기법적인 면에서 표현하자면, '그는 단순히 들어야 하고, 어떤 것을 마음에 담아두어야 할지에 대해서는 신경 쓰지 않아도 된다.'

이러한 방법으로 성취할 수 있는 것은 치료하는 동안의 모든 요구사항에 충분할 것이다. 그 자료 중 이미 연관된 문맥을 형성한 부분들은 치료사의 의식에 다다르게 될 것이다. 아직 연결되지 않고 혼동의 무질서에 있는 나머지 부분은 처음에는 가라앉아 있는 것처럼 보이지만, 환자가 그런 부분과 관계되어 있는 새로운 어떤 것을 생각하면 곧 순조롭게 기억으로 떠오르게 될 것이다. 1년 후에도 상세한 내용을 기억하고 있는 치료사에게 환자가 놀랄 만한 기억력을 가지고 있다는 칭찬을 했을 때 미소로 받아들일 수는 있지만, 어떤 것을 기억해내려는 의식적 결의는 아마도 실패로 끝나게 될 것이다.

기억하는 과정에서의 오류는 시간이나 장소에 대해서만 발생하는데, 치료사가 그의 개인적 관심사(아래를 보라[1])

---

(1) 환자는 종종 자신이 이전 회기에서 어떤 것을 이미 치료사에게 말했다고 주장할 때, 치료사는 확실함으로 그것이 지금 처음 나온 것이라고 환자에게 말할 수 있다. 그런데 나중에 밝혀진 것은 이전에 환자가 그것을 말할 의도를 가지고 있었지만 그 당시에 있던 저항에 의해서 그의 의도를 시행하는 것이 방해받았던 것이었다. 그에게는 그의 의도에 대한 기억과 그것을 수행한 것에 대한 기억이 구분이 되지 않은 것이다.

로 인해서 교란될 수 있다. 즉, 이런 사람은 이상적 분석가의 기준에 심각하게 미치지 못하는 경우이다. 다른 환자들이 가져온 자료와 혼동하는 것은 매우 드물게 발생한다. 어떤 특정한 것에 대해서 이야기했는지 안 했는지, 또는 어떻게 이야기 했는지에 대해서 환자와 논쟁이 발생하면, 대개는 치료사가 옳다.

　　나) 분석 회기 동안에 전체 내용을 기록하거나 속기기록을 작성하는 것을 권하지 않는다. 이것이 몇몇 환자들에게 주는 좋지 않는 영향 이외에도, 주의집중과 관련해서 이야기했던 고려사항이 여기에 또한 적용된다. 치료사가 기록을 하거나 속기를 작성하면서 그 자료로부터 해로운 선택을 필연적으로 하게 되고, 치료사 자신의 정신 활동의 부분이 이 방법에서 묶이게 되는데, 오히려 그런 부분은 그가 들었던 것을 해석하는 데 사용되는 것이 더 좋다. 날짜들, 꿈들의 내용들, 또는 주목할 만한 사건들에 예외를 적용하는 것에 반대할 마음은 없다. 하지만 나는 이러한 것도 또한 하고 있지 않다. 예를 들면, 나는 하루 일과를 끝내고 저녁에 기억해서 그것들을 적어놓는다. 내가 중요하다고 생각하는 꿈의 내용에 대해서는 환자가 그것을 연결시키면 다시 말하게끔

하고, 나는 그것을 마음에 새길 수 있게 된다.

　　다) 환자와의 회기 동안에 기록하는 것이 그 사례의 과학적 연구 발표를 위한 것이라고 정당화될 수도 있다. 일반적으로 이것을 인정하지 않을 수 없다. 그럼에도 불구하고 분석적 사례사의 정확한 보고는 기대했던 것보다 훨씬 작은 가치를 지닌다는 것을 명심해야 한다. 엄격하게 말하자면 그것은 표면적인 정확성만을 지닐 뿐이고, '현대' 정신의학이 그러한 것의 놀랄 만한 예들을 우리에게 보여준다. 그것들은 대체로 독자들이 읽기에 지루하고, 분석에 있는 환자의 실제 모습을 대체할 수는 없다. 경험이 변함없이 말해주는 것은, 독자들이 분석가를 믿을 마음이 있다면 그들은 그가 제공한 자료에 있는 어떤 적은 양의 수정에도 믿음을 갖고 있다는 것이다. 반면에, 그들이 분석과 분석가를 진지하게 받아들이지 않는다면 치료에서의 정확한 축어록에도 관심을 갖지 않을 것이다. 이것이 정신분석적 보고에서 발견되는 설득력 있는 증거의 부족함을 해결하는 방안은 아닌 것처럼 보인다.

　　라) 정신분석의 차이점들 중 하나는 아마 정신분석을 행하는 중에 연구와 치료가 동시에 일어난다는 점이다.

그렇지만 어느 시점 이후에는 하나를 위해서 요구되는 기법이 다른 것을 위해서 요구되는 것에 반하게 된다. 치료가 아직 진행되는 동안에 그 사례의 구조를 종합하고, 앞으로의 진척을 예견하려고 하고, 문득문득 현재 상황의 그림을 얻고자 하는 것(과학적 관심이 요구하는 것처럼)과 같이 그 사례를 과학적으로 작업하는 것은 좋은 것이 아니다. 처음부터 과학적 목적에 헌신되어 있고, 그러한 목적에 맞게 다루어진 사례들은 치료적 측면의 결과에서는 어려움을 겪게 될 것이다. 반면 대부분의 성공적인 사례들은 치료사가 마음에 어떤 목적 없이 진행하면서 환자들에게 일어나는 어떤 새로운 변화에 놀라워하며, 항상 그들을 열린 마음으로 만나고, 어떠한 추정들부터도 자유로운 그런 사례들이다. 분석가의 올바른 행동은, 필요에 따라 하나의 마음 상태에서 다른 상태로 전환하고, 환자들을 분석 중에 있을 때 그들에 대한 추측이나 곰곰이 생각하는 것을 피하고, 그 분석이 종결된 후에야 얻어진 자료를 종합적 사고 과정으로 생각하는 것 등에 놓여 있다. 만약 우리가 정신분석적 작업을 통해서 얻을 수 있는 무의식의 심리 상태와 신경증의 구조에 대한 모든 지식(또는 적어도 필수적인 지식)을 이미 가지고 있다면 두 태도의 구별은 무의미할 것이다. 하지만 현재 우리는 아직 그 목표에서 멀리 있고 우리가 이미 배운 것들을 테스트하고 우리의 지식을 더욱 확장하려는 가능성으로부터 우리를 단절시켜서는 안 된다.

　　마) 나는 동료들에게 정신분석적 치료 동안에 수술의를 그들의 모델로 삼으라고 권하고 싶다. 수술의는 자신의 느낌들(인간적인 동정심조차도)을 한쪽으로 치워놓고, 그의 정신적 힘을 최대한 능숙하게 그 수술을 집도하는 한 가지 목표에 집중한다. 현재 상황에서 정신분석가에게 가장 위험스러운 느낌은 치료적 야망인데, 이러한 새롭고 다분히 논쟁적인 방법을 통해서 다른 사람들에게 확실한 영향을 미치는 어떤 것을 성취하고자 하는 그런 마음이다. 이것은 그를 그의 작업에 적절치 않은 마음의 상태로 데려갈 뿐만 아니라, 환자의 어떤 저항들에 대해서 그를 무력하게 만들 것이다. 환자의 회복은 우리가 아는 것처럼 주로 환자 안에 있는 힘들의 상호작용에 의해 결정된다. 분석가의 정서적 차가움의 요구에 대한 정당성은 이것이 양쪽 모두에게 가장 이로운 상태를 만들기 때문이다. 즉, 치료사를 위해서는 그 자신의 정서적 생활을 위한 바람직한 보호책이며, 환자를 위해서는 그것이 현재 우리가 줄 수 있는 가장 최대의 도움의 양이다. 초기의 수술의는 이런 말을 좌우명으로 삼았다. "Je le pansai, Dieu le guerit. 나는 그의 상처를 붕대로 감아주었고, 신은 그를 치료한다." 분석가도 이와 비슷한 것에 만족해야만 한다.

바) 내가 지금까지 언급한 여러 가지의 규칙이 어떤 목표에 집중하고 있는가를 보는 것은 쉽다. 그것들 모두는 환자에게 요구했던 '정신분석의 근본적 원칙'에 상응하는 것을 치료사를 위해서도 만들고자 하는 것이다. 환자가 자기-관찰을 통해서 발견한 모든 것을 이야기하고 그것들 가운데 그에게 어떤 것을 선택하게 만드는 이치에 맞는 거부감과 정서적 거부감을 제어해야 하는 것처럼, 의사도 그에게 이야기되어진 모든 것을 해석의 목적을 위해서 사용하고, 환자가 포기했던 선택에 대한 검열을 자신의 것으로 대체하는 것 없이 숨겨진 무의식적 자료를 인식할 수 있는 자세를 가지고 있어야 한다. 이것을 다음과 같은 방식으로 말할 수 있다. 치료사는 그의 무의식을 신호를 보내는 환자의 무의식에 향하여 있는 수신 기관처럼 만들어야 한다. 그는 전화 수화기가 신호를 보내는 마이크에 맞추어져 있는 것처럼 자신을 환자에게 맞추어야만 한다. 그 수화기가 전화선에서의 전기 진동들(이 진동들은 처음에 음파에 의해서 만들어졌다)을 다시 음파로 전환하는 것처럼, 치료사의 무의식은 그에게 소통되었던 무

의식의 다양한 파생물로부터 무의식을 복원할 수 있는데, 그 무의식이 환자의 자유 연상을 결정했던 것이다.

만약 치료사가 분석에서 이러한 방법으로 그의 무의식을 하나의 도구로써 사용하는 자세를 갖고자 한다면, 그는 반드시 한 가지 심리적 상태를 충족해야 한다. 그는 그의 무의식에서 인식된 것을 의식에서 억제하려는 어떤 저항도 묵인해서는 안 된다. 그렇지 않으면 그는 새로운 종류의 선택과 왜곡을 분석에 가지고 들어오게 될 것이고, 이러한 것은 의식적 주의집중에서 오는 결과보다 훨씬 더 해로운 것이 될 수 있다. 이러한 이유 때문에 치료사는 대략의 평범한 사람인 것으로는 충분하지 않다. 더 정확히 말하자면 그는 정신분석적 정화를 경험해야만 하고 자신의 콤플렉스들을 인식하게 되어야만 하는데, 그것들은 치료사가 환자가 하는 이야기를 이해하는 것을 방해하기 쉽다. 치료사 안에 있는 이러한 결함들이 끼치는 부정적인 영향에 대한 합리적인 반대는 아직 보지 못했다. 치료사 안에 있는 해결되지 않은 억압들은 슈테켈Stekel이 적절하게 설명한 것같이 치료사의 분석적 지각에 '사각 지대'를 형성한다.

몇 년 전에 어떻게 분석가가 될 수 있는지에 대한 질문에 이런 대답을 한 적이 있었다. '자신의 꿈들을 분석하는 것으로.' 이런 준비는 아마도 많은 사람들에게 충분할 것이지만, 분석을 배우기를 원하는 모든 사람에게는 아니다. 그리고 모든 사람들이 외부의 도움 없이 자신의 꿈들을 성공적으로 해석할 수 있는 것도 아니다. 취리히 분석학교가 가지고 있는 많은 장점 중 하나가 이 필요조건을 더욱 강조하고 있고, 다른 사람을 분석하기 원하는 모든 사람들은 먼저 자신이 전문적 지식을 가진 누군가와 분석을 경험해야만 한다는 요구를 구체화했다는 것이라고 나는 생각한다. 이 일을 진지하게 고려하는 누구나 이 과정을 선택해야만 하는데, 이것은 한 가지 이상의 이점을 제공한다. 자신을 다른 사람에게 여는 것에 수반된 희생은 병에 의해서 충동적으로 하는 것이 아니라면 충분히 보상받을 것이다. 자신의 마음 안에 숨겨진 것을 알고자 하는 목표는 신속하게 달성될 뿐만 아니라, 자신과 관련된 인상들과 확신들도 얻게 될 것인데, 이러한 것을 책으로 공부하고 강의에 참석하는 것을 통해서 얻으려는 노력은 허사가 될 것이다. 끝으로, 학생과 그의 안내자 사이에 형성되는 지속적인 정신적 접촉에서 오는 이점을 과소평가해서는 안 된다.

이와 같이 실질적으로 건강한 사람의 분석은 짐작할 수 있는 것처럼 여전히 미완성인 채로 남아 있게 된다. 자기 이해에 대한 가치를 진정으로 알고 자기 통제력을 향상시킨 사람은 누구나 분석이 끝난 다음에도 자기 분석의 형태로 자신의 성격에 대한 분석적 검토를 계속하고, 자신의 내면뿐만 아니라 외부 세계에서도 항상 새로운 어떤 것을 발견하게 된다는 것을 깨닫고 만족할 것이다. 하지만 분석을 받는 것의 예방조치를 수치로 여기는 사람은 누구나 그의 환자들에 대해서 어느 정도 이상의 것은 알 수 없게 되는 것으로 처벌받게 될 뿐만 아니라, 그는 더욱 심각한 위험을 무릅쓰게 될 것이며 그것은 다른 사람에게도 위험이 될 수 있다. 즉, 그가 희미하게 지각하고 있는 자신의 성격상 특성들 중 어떤 것들을 보편타당성을 지닌 이론이라고 여기며 과학 영역에 투사하는 유혹에 쉽게 빠지게 될 것이다. 또한 그는 정신분석적 방법의 신용을 떨어뜨리게 될 것이며, 미숙한 사람들을 잘못된 길로 인도하게 될 것이다.

마) 나는 지금 몇 가지 다른 규칙을 덧붙이고자 하며, 치료사의 태도로부터 환자의 치료로 초점을 전환하고자 한다.

젊고 열심인 정신분석가들은 아마도 그들 자신의 성격적 특성을 토론의 주제로 삼고 싶을 것인데, 그들과 함께 환자가 분석을 계속할 수 있게 하고 환자가 자신의 편협한 성격의 장벽을 넘게 하기 위해서이다.

치료사가 환자의 저항들을 극복하고자 하는 입장에서 그의 심리적 결함과 갈등의 일면을 환자에게 얼핏 보여주는 것과 삶에 대한 개인적인 정보를 주는 것으로 자신을 대등한 관계에 놓고자 하는 것이 상당히 허용할 만하고 참으로 유용할 것이라고 생각될 수 있다. 한 사람이 비밀을 털어놓으면 상대방의 비밀을 알 만한 자격이 있고, 다른 사람에게 친밀감을 요구하는 사람은 친밀감을 돌려줄 준비를 해야만 한다.

하지만 정신분석적 관계에서는 의식의 심리학에서 생각했던 것과는 종종 다른 것이 발생한다. 우리의 경험은 이런 종류의 감성적인 기법이 좋은 효과를 준다고 말하지 않는다. 또한 이것이 정신분석적 원칙에서 벗어나고 암시에 의한 치료로 기울어지고 있는 것을 보는 것도 어렵지 않다. 이것은 환자를 유도해서 그가 이미 알고 있는 것들을 조금 더 일찍 더 적은 어려움으로 말할 수 있도록 할지도 모른다. 그렇지 않았다면 환자는 한참 동안 우리가 알고 있는 저항 때문에 이러한 것들을 말하지 않았을 것이다. 하지만 이 기법은 환자가 알지 못했던 무의식에 있던 것을 발견하는 데

에는 아무런 기여도 하지 못하고, 심지어 좀 더 깊은 저항을 극복하는 것을 더욱 어렵게 만든다. 그리고 좀 더 심각한 사례들에서, 이것은 예외 없이 환자를 만족할 수 없게 만들어서 실패한다. 환자는 상황을 뒤바꾸기를 원할 것이며 자신보다는 그 치료사의 분석이 더욱 흥미롭다고 생각하게 된다. 치료의 중요한 과제들 중 하나인 전이의 해결 또한 치료사가 보여주는 친밀한 태도로 인해서 더욱 어려워진다. 그래서 처음에 어떤 이득이 있을 수 있더라도 끝에는 더욱 많은 것을 잃게 된다. 그러므로 나는 이러한 기법이 옳지 않은 것이라고 주저 없이 비판할 수 있다. 치료사는 그의 환자에게 불투명해야만 하고 그에게 보여진 것만을 거울처럼 보여주어야 한다. 임상 실제에서, 예를 들어 정신병원에서 필요에 의해서 행해지는 것처럼 짧은 시간에 인지할 수 있는 결과물을 성취하기 위해서 분석의 어느 부분을 암시적 영향과 조합하는 심리치료사에 반하여 할 말이 없다는 것은 사실이다. 하지만 그는 자신이 하고 있는 것에 대해서 확신이 있어야 하고, 그의 방법이 진정한 정신분석이 아닌 것을 그가 알고 있어야 한다고 누군가가 주장할 권리는 있다.

바) 또 다른 유혹이 교육적인 행위로부터 나온다.

이것은 정신분석 치료에서 치료사가 어떠한 계획적인 의도가 없어도 치료사에게 주어진다. 발달상의 억제가 해결되었을 때 치료사는 자유롭게 된 환자의 성향에 새로운 목표를 보여 주어야 하는 위치에 있게 됨을 발견하게 된다. 그가 많은 노력으로 신경증으로 자유롭게 된 그 사람에게서 특별히 뛰어난 어떤 것을 만들어내려고 한다거나, 그가 바라는 높은 목표를 처방한다고 하더라도 이것은 지극히 자연스러운 야심이라고 할 수 있다. 하지만 여기에서도 치료사는 자신을 제어해야만 하고, 자신의 욕구보다는 환자의 능력을 안내자로 삼아야 한다. 모든 신경증 환자가 승화에 뛰어난 재능을 가지고 있는 것은 아니다. 그들이 자신들의 본능을 승화할 수 있는 기술을 가지고 있었다면 그들은 애초에 병에 걸리지 않았을 것이라고 추측할 수 있다. 만약 우리가 그들을 지나치게 승화 쪽으로 압박하고, 그들을 접근이 가장 용이하고 편리한 본능의 충족들로부터 끊어내면, 우리는 그들이 다른 어떤 상황에 느끼는 것보다 그들의 삶을 더욱 어렵게 만드는 것이다. 치료사로서 우리는 무엇보다도 환자의 약함을 견딜 수 있어야 하고, 환자가 일에 대해서 어느 정도의 능력을 회복하고 삶의 즐거움을 중간 정도 되찾았을지라도 그것에 만족해야 한다. 교육적 포부는 치료적 포부처럼 거의 유용하지 않다. 많은 사람들이 그들의 유기적 구조가 허용하는 범위 이상으로 자신들의 본능을 승화하려는 바로 그 시도 때문에 병에 걸리며, 승화할 수 있는 능력을 지닌 사람들에게서 그 과정은 그들의 억제가 분석에 의해서 극복되자마자 저절로 발생한다는 것을 명심해야 한다. 그러므로 내 생각에는, 분석적 치료를 사용해서 본능의 승화를 가져오려는 노력은 분명 언제나 감탄스러울지라도 모든 사례에서 사용하는 것을 권할 수 없다.

사) 환자의 지적 협력이 치료에서 어느 정도까지 필요한 것일까? 이 점에 대해서 일반적으로 적용할 만한 것을 언급하기는 어렵지만, 환자의 성격이 그 결정 요인이다. 그렇지만 어느 경우에서건 신중함과 자기 절제가 이 이슈와 관련하여 반드시 지켜져야 한다. 환자에게 그의 기억을 모으라고 한다거나 그의 인생의 어떤 특정 기간에 대해 생각하라는 임무를 주는 것은 잘못된 것이다. 어떤 것을 심사숙고하거나 관심을 집중하는 것과 같은 정신 활동은 신경증의 수수께끼를 하나도 해결할 수 없다는 것을 배워야만 한다. 물론 이것은 쉽게 배울 수 있는 것은 아니지만, 정신분석적 규칙, 즉 무의식이나 그것의 파생물들에 대한 모든 비판을 배제하

라는 분부를 참을성 있게 지킬 때에만 가능할 수 있다. 치료하는 동안에 지적 토론으로 교묘하게 벗어나는 기술을 발휘하는 환자와 있을 때 이 규칙을 지키는 것에 대해서 특별히 확고해야만 한다. 그들은 그들의 상태에 대해서 많은 추측을 하고 종종 매우 현명하게 고찰을 하는데, 그런 방법으로 그것을 극복하기 위한 어떤 것도 피하려고 한다. 이러한 이유 때문에 나는 나의 환자들을 돕기 위해서 정신분석적 저작물들을 사용하는 것을 싫어한다. 나는 그들이 개인적 경험을 통해서 배우기를 요구하며, 정신분석의 전체 문헌이 그들에게 가르쳐줄 수 있는 것보다 더 넓고 더욱 가치 있는 지식을 그들이 얻게 될 것이라고 확신시킨다. 하지만 정신병원의 상황에서 입원한 환자에게 읽기를 분석의 준비과정으로써 그리고 치료에 영향을 받을 수 있는 분위기를 조성하는 수단으로써 채택하는 것이 커다란 이점을 줄 수도 있다는 것을 나는 알고 있다.

읽을 만한 정신분석 책들(입문서나 좀 더 수준이 높은 종류)을 주는 것으로 그들의 부모나 친척의 지지나 확신을 얻으려는 어떤 시도에 대해서 진심 어린 경고를 주고 싶다. 좋은 의도로 취해진 이러한 시도도 대개 그 친척이 치료에 대한 때이른 반대(결국 언젠가는 나타나게 되는 반대)를 하게 하고 그래서 치료는 시작도 되지 못한다.

나는 정신분석가들의 경험이 많아지면서 기법에 대한 질문과 신경증 환자를 치료하는 가장 효과적인 방법에 대한 합의가 만들어 지기를 소망한다. 분석가의 친척의 치료에 대해서는 어떤 말을 해야 할지 전혀 모르겠다고 고백할 수밖에 없는데, 대개 친척을 어떤 형태로든 개인적으로 치료하는 것이 잘 될 거라고 생각하지 않는다.

Gigmund Freud 1912 정신분석을 시행하는 치료사들에게 주는 권고

치료의 시작에 대해서

치료의 시작에 대해서

On Beginning the Treatment

(Further Recommendations on the Technique of Psychoanalysis I)

책을 통해서 체스 게임을 배우려는 사람은 게임의 시작과 마무리에 대한 체계적인 설명만으로도 지칠 대로 지칠 것이고, 시작 뒤에 발전되는 무한히 다양한 움직임을 일일이 다 말할 수 없다는 것을 곧 발견하게 될 것이다. 설명서가 가지고 있는 이러한 틈은 여러 거장이 싸웠던 게임에 대한 부지런한 연구로 채울 수 있다. 정신분석 치료의 실제를 위해 세워진 규칙도 비슷한 한계를 가지고 있다.

이 글에서 나는 치료의 시작에 대한 규칙을 정신분석을 실제로 하고 있는 분석가들이 사용할 수 있도록 모으려고 한다. 그 규칙 중에 실제로도 그렇지만 정말로 사소한 세부사항처럼 보이는 것들이 있다. 그것들의 정당성은 그것들이 이 게임의 전반적인 방식과의 관련성에서 중요성을 획득한 그야말로 이 게임의 규칙이라는 데 있다. 하지만 나는 이러한 규칙을 '권고'라고 부르길 원하지 무조건적으로 받아들여야 한다고 주장하지 않을 정도로는 분별력이 있다. 심리적 구성의 놀라운 다양성을 고려해볼 때, 모든 정신적 과정의 적응성과 결정 요인의 풍부함은 기법의 어떤 기계화도 반대한다. 그러한 적응성과 풍부함은 하나의 행동방침이 대체로 타당했을지라도 때로는 효과적이지 않을 수도 있는 상황을 만들기도 한다. 반면 보통의 경우에 실수라고 여겨지는 것도 어떤 때에는 원하던 결과를 가져오기도 한다. 하지만 이러한 정황이 대체로 효과적인 절차를 치료사를 위해서 기술하려는 것을 막지는 못한다.

몇 년 전에 나는 환자를 선택하는 것에 대한 매우 중요한 언급을 한 적이 있어서 이곳에서 그것을 반복하지는 않겠다. 그것은 그 동안에 다른 정신분석가들에 의해서 입증이 되어 왔다. 그렇지만 내가 덧붙이고 싶은 것이 있는데, 그 이후로 내가 환자에 대해서 거의 알지 못할 때 처음에는 그를 일주일 혹은 이주일 동안 조건부로 받아들이는 것이 나의 습관이 되었다는 것이다. 만약 어떤 환자가 이 기간 동안에 떠난다면 그는 시도했던 치료가 실패했다는 인상을 가지지 않아도 된다. 치료사는 그 사례를 알기 위해서 그리고 정신분석에 적합한 것인지 아닌지를 결정하기 위해서 '의사타진'을 한 것일 뿐이다. 우리에게 이런 절차 외에 다른 예비적인 검사는 아직 없다. 보통의 진찰에서의 장황한 논의나 질의도 대체 방법을 주지 못한다. 그런데 이러한 예비적인 시도 그 자체가 정신분석의 시작이고 반드시 정신분석의 규칙을 따라야 한다. 차이점이 있다면 그 시간동안에 환자가 거의 모든 말을 할 수 있도록 하고, 그가 말하고 있는 것을 계속 말할 수 있도록 하는 데 절대적으로 필요한 것 외에 어떤 설명도 하지 않는다는 것이다.

또한 이러한 식의 한 주 혹은 두 주에 걸친 시험 기간은 진단상의 이유도 있다. 매우 종종, 히스테리 증상이나 강박적 증상을 가진 신경증 환자를 봤을 때 그 증상이 지나치게 뚜렷하지 않고 오랫동안 존재하지 않았을 경우(치료에 적합하다고 생각할 수 있는 그런 사례)에, 그것이 조발성 치매증 dementia praecox(블로일러의 용어로는 '정신분열증schizophrenia', 나는 '망상분열증paraphrenia'으로 부르자고 제안했다)으로 알려진 것의 예비 단계일 수도 있다는 가능성을 고려해야만 한다. 머지않아 그러한 정서의 그림이 눈에 띄게 보이게 될 것이다. 이러한 구별을 쉽게 할 수 있는 것이 언제나 가능하다는 것에 나는 동의하지 않는다. 진단과정에서 망설이지 않으려는 정신과 의사들이 있다는 것을 나는 알고 있다. 하지만 나는 그들이 그만큼 실수하게 된다고 확신을 갖게 되었다. 게다가 실수하는 것은 정신분석가에게는 임상 정신과의사에게보다 훨씬 더 중대한 순간이다. 정신과 의사는 유용할 수 있는 어떤 것도(그것이 어떤 것이든) 시도하지 않는다. 그는 단지 이론적 실수를 하게 될 위험을 무릅쓰는 것이고, 그의 진단은 학문적 관심 그 이상의 것이 아니다. 하지만 정신분석가에게 만약 그 사례가 순조롭지 않게 되어간다면 그는 실질적인 실수를 범하고 있는 것이다. 그는 낭비된 비용과 노력에 책임이 있고, 그의 치료 방법에 대한 신뢰를 떨어뜨리게 된다. 만약 환자가 히스테리나 강박 신경증이 아니라 망상분열증paraphrenia으로 고생하고 있다면, 정신분석가는 치료에 대한 약속을 이행할 수 없다. 그래서 정신분석가는 진단상의 실수를 피하려는 특별히 강한 동기를 가지고 있다. 몇 주의 실험적 치료에서 더 이상의 시도를 하지 않게끔 하는 의심스러운 징후를 종종 관찰하게 될 것이다. 불행하게도 이런 종류의 시도가 항상 확실한 결정에

도달할 수 있게 한다고 주장할 수 없다. 이것은 단지 하나의 현명한 예방책일 뿐이다.[1]

분석 치료를 시작하기 전에 할 수 있는 너무 긴 예비적인 토론, 다른 치료법으로 받은 이전의 치료, 그리고 치료사와 분석을 받게 될 환자 사이에 있는 이전의 친분관계는 특별히 불리한 결과를 가져올 것이고, 준비하고 있어야 한다. 그러한 것들은 환자가 이미 가지고 있는 전이 태도를 가지고 치료사를 만나게 되는 결과를 초래하는데, 치료사가 시작에서부터 전이의 성장과 발전을 관찰하는 기회를 갖는 대신에 그러한 전이 태도를 우선 천천히 발견해야만 한다. 이러한 식으로 환자는 우리와 함께 그런 임시적인 시작을 하게 되는데, 치료가 이렇게 시작되도록 해서는 안 된다.

치료가 시작되기 전에 예약을 연기하고 싶어 하는 모든 예비 환자들을 믿어서는 안 된다. 경험상 보면, 그 연

(1) 진단상의 이러한 불확실성에 대해서, 경미한 망상분열증의 분석의 성공에 대한 가능성에 대해서, 두 질환 사이의 비슷한 유사성에 대한 이유에 대해서 이야기되어야 할 것이 매우 많다. 하지만 지금 문맥에서 이러한 주제에 대해서 확장할 수가 없다. 나는 융이 히스테리와 강박신경증을 '전이 신경증transference neuroses'으로 망상분열적 정서를 '내향적 신경증introversion neuroses'으로 비교한 것을 따르고 싶다(그러한 사용이 '내향성'의 개념에서 그 단어만이 가지고 있는 적당한 의미를 박탈하지 않는다면).

기의 동기, 즉 그들의 의도의 합리화가 초심자에게는 의혹의 여지가 없게 보였을지라도 약속된 시간이 되었을 때 그들은 나타나지 않는다.

분석가가 새로운 환자나 그들의 가족과 친분관계에 있든지 또는 사회적인 유대감을 가지고 있을 때 특별한 어려움들이 발생한다. 친구의 아내 또는 아이를 치료해달라고 부탁을 받은 경우 정신분석가는 치료의 결과가 어떻게 되든지 상관없이 그 친분을 희생할 각오를 해야 한다. 그럼에도 불구하고 믿을 만한 다른 사람을 발견할 수 없다면 그 희생을 감수해야만 한다.

일반 대중과 의사들은 아직도 정신분석을 암시에 의한 치료와 쉽게 혼동하면서, 환자가 이 새로운 치료법에 거는 기대에 중요성을 부여하는 경향이 있다. 그들은 종종 어떤 환자는 많은 어려움을 주지 않을 것이라고 믿는데, 이는 그 환자가 정신분석에 대단한 확신을 가지고 있고 분석의 진실성과 효력을 전적으로 확신하고 있기 때문이다. 반면 그들은 다른 경우의 어떤 환자는 의심할 여지없이 치료하기가 더욱 어려울 것이라고 생각하는데, 이는 그 환자가 회의적인 견해를 가지고 있고 분석의 성공적인 결과를 자신이 스스로 경험하기까지는 어떤 것도 믿지 않기 때문이다. 하지만 실은 환자의 이러한 태도는 거의 중요하지 않다. 처음의 신뢰나 불신은 신경증을 견고하게 유지시키고 있는 내적 저항과 비교해보면 거의 무시해도 될 정도이다. 환자의 우호적인 신뢰는 초기의 관계를 매우 유쾌한 것으로 만들어 주고 우리는 그것에 대해서 그에게 감사한다. 하지만 그의 우호적인 선입관은 분석에서 일어나게 되는 첫 번째 어려움으로 인해 산산이 부서지게 될 거라고 그에게 경고해야 한다. 회의적인 사람에게 우리가 말해주어야 하는 것은, 분석은 믿음을 요구하지 않으며, 그가 원하는 만큼 비판적일 수도 있고 의심할 수도 있고, 우리는 그의 태도가 그의 판단의 영향이라고 전혀 생각하지 않는다는 것이다. 왜냐하면 그는 이러한 문제들에 대해서 신뢰할 만한 판단을 내릴 입장에 있지 않기 때문이다. 그가 치료의 규칙이 그에게 요구하는 것을 성실히 지키려고 한다면, 그의 불신은 다른 증상들처럼 단지 하나의 증상일 뿐이고 방해가 되지 않을 것이다.

신경증의 본질에 대해서 친숙한 사람이라면, 다른 사람들에게 분석을 매우 잘할 수 있는 사람조차도 그가 분석적 탐구의 대상이 되자마자 다른 평범한 사람들과 마찬가지로 행동할 수 있고 가장 격렬한 저항을 일으킬 수 있다는 것을 듣고 놀라지 않을 것이다. 이러한 일이 발생할 때 우리는 다시 한번 더 마음의 심층의 범위에 대해서 생각하게 되고, 신경증이 분석의 지적 지식이 관통할 수 없는 정신의 층에 그 뿌리를 내리고 있다는 것을 발견하는 것이 우리에게 놀랄 만한 것도 아니다.

분석의 시작에서 중요한 점은 시간과 돈에 대해서 합의하는 것이다.

시간에 관해서, 나는 확실하게 한 시간을 할애하는 원칙을 엄격하게 고수한다. 각 환자는 나의 하루 일과 중에 가능한 특정한 시간을 할당받는다. 그 시간은 그에게 속한 것이며, 그는 그 시간에 책임이 있다. 그 시간을 사용하지 않을 때조차도 그렇다. 이러한 합의는 상류 사회에서 음악 선생님이나 언어선생님에게 당연하게 받아들여진다. 하지만 아마도 의사에게는 지나치게 엄격하게 보일 수 있고, 이 직업에서는 불미스러운 것으로 여겨질 수도 있다. 많은 사건들이 매일 같은 시간에 환자가 치료에 임하는 것을 방해할 수 있다. 긴 분석 치료 과정에서 중간 중간에 발생할 수 있는 수많은 질병이 어떤 허용을 만들게 될 것이다. 하지만 나의 대답은 이렇다. "다른 어떤 방법도 실행 가능하지 않다." 엄격함이 약한 제도 아래서 가끔의 결석이 심각하게 늘어나게 되고 치료사는 자신의 생계가 위협받게 된다는 것을 자각하게 된다. 반면 이러한 약속을 고수하면 돌발적인 방해가 전혀 발생하지 않고 중간에 발생하는 병이 생긴다 하더라도 극히 드물게 생기게 된다. 분석가는 이미 치료비를 받았으나 한가롭게 된 시간을 즐기는 입장에 거의 있지 않는다. 만약 그렇다면 그것을 부끄럽게 여겨야 할 것이다. 그는 방해 없이 작업을 계속할 수 있고, 치료 작업이 그 내용상 특별히 중요하고 풍요롭게 되어갈 바로 그 때에 치료사를 탓할 수 없는 중단이 항상 발생하게 되는 힘들고 당황스러운 경험을 하지 않아도 될 것이다. 다른 어떤 것보다도 시간에 대한 엄격한 원칙을 가지고 실행한 몇 년의 정신분석을 통해서 일상에서의 심리적 요소, 꾀병의 빈번함, 그리고 우연이란 존재하지 않는다는 것 등의 중요성을 매우 절실하게 느끼게 될 것이다. 의심의 여지가 없는 신체적 병의 경우에도 참석에 대한 심리적 요소가 있음을 배제할 수 없지만 나는 치료를 중단하고 자유로워진 그 시간을 내가 원하는 다른 곳에 할애하고, 그 환자가 회복하자마자 다른 빈 시간에 그를 받아들인다.

나는 일요일과 공휴일을 제외하고는 환자들과 작업을 한다. 즉, 보통 일주일에 6일 치료 작업을 한다는 것이다. 가벼운 사례나 이미 잘 진행된 치료의 지속은 일주일에 세 번도 충분할 것이다. 이것 이외의 시간 제한규정은 치료사에게나 환자에게 어떤 이점도 주지 못한다. 이것에 대해서 분석 시작 단계에서는 질문의 여지가 없다. 짧은 기간의 중단조차도 모호하지만 작업에 약간의 영향을 준다. 일요일의 휴식 후에 다시 작업을 시작했을 때 우리는 농담 삼아 '월요병'에 대해 말하곤 한다. 일주일에 만나는 횟수가 줄어들면, 환자의 실제 삶과 보조를 맞추지 못하거나 치료가 환자와의 접촉을 잃고 샛길로 빠질 위험이 있다. 또한 하루의 한 시간보다 더 많은 시간을 주어야만 하는 환자를 만나게 되는데, 마음을 열고 소통할 수 있게 되기 전에 그 시간의 대부분이 가버리기 때문이다.

시작단계에서 환자가 치료사에게 묻는 반갑지 않은 질문은 이런 것이다. '치료는 얼마나 오래 걸리죠? 제 문제를 없애주는 데 어느 정도의 시간이 필요합니까?' 몇 주간의 시험 기간을 제안했다면, 시험 기간 끝에 좀 더 믿을 만한 말을 해줄 것을 약속하는 것으로 이러한 질문에 대한 직접적인 대답을 피할 수 있다. 우리의 대답은 이솝 이야기의 나그네에게 주어졌던 철학자의 대답과 비슷하다. 그 나그네가 여정이 얼마나 남아 있냐고 물었을 때, 철학자는 단순히 "걸으시오!"라고 대답했고, 나중에 그 당시에 분명히 도움이 되지 않을 것 같았던 대답에 대해서 설명했다. 그의 여정이 얼마나 걸릴지를 말하기 전에 그 나그네의 보폭을 알아야만 했다는 것이었다. 이런 방법은 첫 번째 어려움을 극복하는 데 도움을 줄 수 있다. 하지만 이 비교는 좋은 것은 아니다. 왜냐하면 신경증 환자는 쉽게 그의 걸음 속도를 바꿀 수 있고, 어떤 때는 매우 느리게 진행하기 때문이다. 사실상, 예상되는 치료 기간에 대한 질문은 거의 대답할 수가 없다.

환자의 통찰력 부족과 치료사의 부정직함의 결합된 결과로써, 분석은 끝없는 요구들을 충족해야만 하고 가장 짧은 시간에 그래야 한다는 기대를 받고 있다는 것을 알게 된다. 한 예로, 며칠 전에 러시아의 한 여인으로부터 받은 편지의 세부내용을 말해보겠다. 그녀는 53세이고 그녀의 병은 23년 전에 시작되었으며, 지난 10년 동안 지속적인 일을 할 수 없게 되었다. '몇몇 신경과 병원들에서의 신경증 치료'가 그녀에게 '활동적인 삶'을 가능하게 해주지는 못했다. 그녀는 책에서 본 적이 있는 정신분석으로 완전히 치료받기를 희망했다. 하지만 그녀의 병은 그녀 가족의 돈을 이미 많이 소진시켰기 때문에 빈에 와서 6주나 두 달 이상은 머무를 수가 없었다. 또 다른 어려움은 그녀가 시작부터 그녀에 대해 오직 글로써만 설명하고 싶다고 했는데, 그것은 그녀의 콤플렉스들에 대한 어떠한 논의도 감정의 폭발을 일으키거나, 그녀를 '일시적으로 말할 수 없게 만들었기' 때문이었다. 어느 누구도 어떤 사람이 두 손가락으로 무거운 식탁을 마치 그것이 가벼운 받침대인양 들어 올리거나, 작은 오두막을 짓는 시간에 큰 집을 세울 것을 기대하지 않는다. 하지만 이것이 신경증의 문제가 될 때에는(이것이 그렇게 이해하기 어려운 것처럼 보이지 않는데) 지성적인 사람들조차도 시간, 작업, 성공 사이에 반드시 지켜져야만 하는 필요한 비례관계를 잊는다. 이것은 신경증의 병인에 대해 널리 퍼져있는 깊은 무지의 이해할 만한 결과이다. 이러한 무지 때문에, 신경증은 '멀리에서 온 가정부'와 같은 것처럼 여겨진다. '누구도 그녀가 어디에서 왔는지 모른다.' 그래서 사람들은 어느 날 그녀가 사라질 것이라고 예상한다.

의사들은 이러한 치우친 소망에 신빙성을 더해준다. 그들 중 어느 정도 지식을 가지고 있는 사람들조차도 종종 신경성 질환들의 심각성을 적절하게 평가하지 못하곤 한다. 나의 친구이자 동료(그는 다른 과학 영역에서 몇십 년 동안 연구를 했고 나는 그 분야에서 그의 실력을 매우 존중했다)가 정신분석으로 전향했다. 어느 날 그는 나에게 이런 편지를 썼다. '우리가 필요한 것은 강박적 신경증을 위한 짧고 간편한 외래환자 치료법입니다.'

나는 그에게 그런 것을 제공할 수 없었고 수치감을 느꼈다. 그래서 나는 내과 질환의 전문가도 결핵이나 암에 대해서 이러한 이점이 결합된 치료법이 있다면 매우 기뻐할 것이라는 말로 변명을 했다.

좀 더 있는 그대로 말하면 정신분석은 반년 또는 몇 년의 긴 시간이 걸리고, 환자가 예상했던 것보다 시간이 더 걸릴 수 있다. 그러므로 환자가 치료를 결정하기 전에 이러한 것을 환자에게 말해주는 것은 우리의 의무이다. 시작부터 환자를 놀라게 해서 쫓아버리지 않게 하면서 환자의 관심을 분석 치료에 수반되는 어려움과 희생에 집중하도록 하는 것은 더욱 존중할 만한 것이고 또한 합당한 것이라고 생각한다. 이렇게 하는 것으로 나중에 환자가 치료 기간과 치료가 의미하는 것을 알지 못한 채 치료에 꾀어 들어왔다고 주장할 가능성을 배제시킬 수 있다. 이런 정보 때문에 치료를 받지 않기로 결정한 사람들은 어쨌든 후에 치료에 적합하지 않다는 것이 드러나게 될 것이다. 치료의 시작 전에 이러한 종류의 선택을 하는 것은 현명한 일이다. 환자들이 더 많은 이해를 갖게 되면 이런 첫 번째 시험을 성공적으로 치를 사람들이 증가하게 될 것이다.

나는 환자들을 어떤 일정 기간 동안 치료를 계속

하도록 묶어놓지 않는다. 각 환자는 그들이 원할 때 치료를 그만 둘 수 있게 허용된다. 하지만 만약 약간의 작업만이 된 후에 치료가 중단된다면 그것은 성공적이지 않게 될 것이고, 아마도 미완의 수술처럼 만족스럽지 못한 상태로 있게 될 것임을 그에게 숨기지 않는다. 내가 정신분석을 시작했던 초창기 몇 년 동안 나는 환자들이 분석을 계속하도록 설득하는 데 커다란 어려움을 겪곤 했다. 이러한 어려움은 오래전에 바뀌었고, 지금 나는 그들이 분석을 그만두도록 유도하는 데 애를 쓰고 있다.

　　　　분석 치료를 단축하려는 것은 정당한 바람이며, 그것을 성취하기 위해서 다양한 시도가 있었다. 불행하게도, 이런 것이 한 가지 매우 중요한 요소, 즉 마음의 근본적인 변화가 매우 천천히 이루어진다는 사실(아마도 무의식의 과정의 무시간성으로)로 인해 어렵게 되었다. 환자들이 분석에서 요구되어지는 많은 시간 소요의 어려움과 직면하게 되었을 때, 그들은 어떻게 해서든 그런 어려움에서 빠져나올 수 있는 것을 종종 제안한다. 그들은 그들의 질병을 세분해서 어떤 것은 견딜 수 있는 것으로 묘사하고 다른 것은 이차적인 것으로 말한 다음에, "만약 선생님께서 나를 이것에서 자유롭게 해준다면(예를 들면, 두통이나 어떤 특정한 두려움), 다른 것은 일상의 삶에서 내 스스로 다룰 수 있습니다."라고 말한다. 하지만 이런 일을 할 때 그들은 구별하는 분석의 힘을 과대평가한다. 분석가는 분명히 많은 것을 할 수 있지만 미리 정확하게 어떤 결과에 그가 영향을 줄지를 결정할 수는 없다. 그는 존재하고 있는 억압을 푸는 과정에 시동을 걸 수 있다. 그는 이 과정을 감독할 수 있고, 더 나아가게 하며, 그 과정에서 장애물을 제거할 수 있다. 그리고 의심할 여지없이 억압의 많은 부분을 무효화할 수 있다. 하지만 대체로 일단 시작되고 나면 분석은 그 자체의 길을 가게 되고, 그것이 택하게 될 방향이나 순서를 처방한 대로 나아가게 할 수 없다. 그병의 증상에 대한 분석가의 힘은 아마도 남성의 성적 능력과 비교할 수 있다. 어떤 남성이 한 아이의 아버지가 될 수 있는 것은 사실이지만 가장 강한 남성조차도 여성의 유기체 안에서 머리 또는 팔이나 다리만을 만들어낼 수는 없다. 그는 그 아이의 성을 고를 수도 없고 오직 매우 복잡한 과정을 시작하게만 할 수 있는데, 이 과정은 아득히 먼 과거의 사건들로 결정되었고 그 아이와 엄마의 연결이 잘라짐으로 끝난다. 신경증도 유기체의 성질을 가지고 있다. 그것의 구성요소들은 서로에게서 독립된 것이 아니다. 그것들은 서로를 조절하고 상호 지원을 한다. 어떤 사람이 여러 가지가 아니라 단

하나의 신경증으로 고생하고 있다고 하자. 그 환자의 소망처럼 견딜 수 없는 한 가지 증상에서 자유롭게 된 그는 이전에는 무시할 만했던 다른 증상이 이제 심각해져서 견딜 수 없게 된 것을 쉽게 알아차리게 될 것이다. 치료의 성공이 암시의 요소로 인해서 이루어지는 것을 가능한 최소화하려는 분석가는 치료의 결과에 선택적으로 영향을 주려고 하는 것이 그에게 가능하게 되더라도 자제해야 한다. 분석가가 가장 반기는 환자들은 그에게 가능한 범위 안에서 온전한 건강을 주라고 요청하고, 그리고 회복의 과정을 위해서 필요한 만큼 시간을 할애하는 사람들이다. 물론 이러한 호의적인 조건은 몇몇 사례에서만 기대할 수 있다.

치료의 시작에서 결정되어야 할 또 다른 사항은 돈 문제인 분석 비용이다. 분석가는 돈이 우선 자기 보존과 힘을 얻기 위한 매개체라는 것을 반박하지 않아야 한다. 하지만 이것과 더불어 강력한 성적 요소가 돈에 매겨진 가치 안에 들어 있다고 말할 수 있다. 돈 문제는 문명화된 사람들에게 성적인 문제와 같은 방식으로, 즉 불일치함, 내숭, 위선적 태도로 취급되고 있다는 것을 언급할 수 있다. 그러므로 분석가는 이러한 태도에 빠지지 않도록 처음부터 확고해야 하며, 환자들과의 만남에서 성생활과 관련해서 그들이 솔직

해지도록 교육하기 원했던 그런 솔직함으로 돈 문제를 다루어야 한다. 치료사는 자신의 시간에 적합하다고 생각되는 비용을 자발적으로 말하는 것으로 자신이 이러한 주제에 대한 잘못된 수치감을 벗어 던졌다는 것을 보여주게 된다. 상식적으로 내야 할 돈이 너무 많이 쌓이도록 하는 것은 좋지 않으며, 정기적으로 예를 들면 매달마다 치료비를 내라고 요청하는 것이 좋다. (너무 낮은 비용을 내야 한다고 요구하면 치료의 가치가 환자의 눈에 중대되지 않는다는 것은 잘 알고 있는 사실이다.) 이것은 물론 우리의 유럽 사회에서 신경전문의나 다른 의사들의 통례는 아니다. 하지만 정신분석가는 자신을 수술의의 입장에 놓아야 한다. 수술의는 솔직하며 고비용인데 그가 사용할 치료의 방법이 그렇기 때문이다. 실제적인 청구비용과 필요성을 인정하는 것이 의사들 중에 사심이 없는 자선가로 행동하는 것보다 더욱 존중할 만하고 윤리적으로도 무례한 것이 아니다. 그러한 자선가의 입장으로는 그의 환자가 분명히 나타내는 착취의 욕구와 배려의 부족에 치료사 혼자서 괴로워하거나 또는 큰 소리로 불평하기도 하지만 제대로 대응할 수가 없다. 분석비를 정할 때, 분석가는 다른 전문의들만큼 열심히 일하지만 그들만큼 벌 수는 없다는 사실을 받아들여야만 한다.

같은 이유로 치료를 무료로 제공하는 것도 자제해

야만 하고, 동료들이나 그들의 가족을 위해서라도 예외가 없어야 한다. 이 권고는 직업상 예의에 어긋나는 것처럼 보일 수 있다. 그러나 무료 치료는 다른 의사들보다 정신분석가에게 더욱 의미가 있다는 것을 기억해야만 한다. 즉, 생활비를 벌어야 하는 노동 시간에서 상당 부분(7분의 1이나 8분의 1)의 희생을 의미한다. 두 번째 무료 치료는 이미 4분의 1이나 3분의 1을 빼앗는 것이고, 이것은 심각한 사고가 입힐 만한 손상과 견줄 만하다.

치료사가 감당한 희생을 환자가 얻을 이익으로 어느 정도는 상쇄할 수 있는 것이 아니냐는 질문을 할 수 있다. 나는 여기서 위험을 무릅쓰고 이 문제에 대해서 판단을 내리려고 하는데, 지난 10년 동안 나는 하루에 1시간 또는 때로는 두 시간을 무료 치료에 할애했기 때문이다. 나는 신경증에서 나의 방법을 발견하기 위해서 가능한 한 저항이 적은 가운데 작업하기 원했다. 이러한 방법으로는 내가 원했던 유리한 조건이 생겨나지는 않았다. 무료 치료는 신경증 환자의 저항의 어떤 부분은 엄청나게 강화시켰다. 예를 들면, 젊은 여성들의 경우에 그들의 전이 관계 안에 내재하는 유혹이 그랬고, 젊은 남성들의 경우에는 고맙게 느껴야 하는 상황에 대해 강한 반감이 있었는데, 이것은 그의 아버지 콤플렉스에서 일어나는 반감이었고 의학적 도움을 수용하는 데 가장 골치 아픈 방해요인 중 하나를 가져왔다. 치료사에게 치료비를 지불하는 것이 제공하는 조절하는 효과의 부재는 매우 어려운 상황을 불러왔다. 즉, 전체 관계가 실제 세계로부터 동떨어지게 된 것이고, 환자는 노력해서 치료를 끝내려는 강한 동기를 박탈당한 것이다.

어떤 이는 돈을 저주라고 생각하는 금욕적 견해를 가진 것은 아니지만 분석적 치료는 가난한 사람들이 내적, 외적 이유로 해서 접근이 거의 어렵다는 것을 유감스럽게 여길 것이다. 이것을 개선하기 위해서 할 수 있는 것은 거의 없다. 아마도 널리 퍼져 있는 신념, 즉 부득이하게 어렵게 일해야 하는 삶으로 던져진 사람들은 신경증에 잘 걸리지 않는다는 신념에는 진실이 담겨 있을 것이다. 하지만 다른 한편으로 의심할 여지없이 경험이 우리에게 보여주는 것은, 가난한 사람이 일단 신경증을 발생시키면 그가 이 병이 그에게서 가져가도록 허용하는 것은 오직 어려움뿐이라는 것이다. 그것은 생존 경쟁에 너무나 좋은 수단을 그에게 제공한다. 즉, 병이 그에게 가져다준 이차적 이득이 지나치게 중요하다. 그는 이제 신경증의 권리를 가지고 동정심을 달라고 요청하게 된다(세상은 그의 물질적 괴로움에 동정심을 주기를 거부했었다). 그는 또한 일하는 것을 통해서 그의 가난과 싸워야만 하는 의무로부터 자신을 면제시킬 수 있다. 그래서 심리치료를 통해서 가난한 사람의 신경증을 다루고자 하는 사람은 누구나 대개 그에게 필요한 것은 매우 다른 종류(우리의 전통에 의하면 황제 요제프 2세가 만든 것과 같은 종류)의 실용적인 치료라는 것을 발견한다. 물론 때때로 그들 자신의 잘못으로 인해서 무력하게 된 것이 아닌 사람들을 만나게 되며, 그들은 치료비를 내지 못했을지라도 내가 언급한 어려움들이 치료에서 일어나지 않았고 놀라운 결과들을 낳게 했다.

　　　중상층과 관련해서 정신분석의 비용은 겉으로 보기에는 과도하게 느껴진다. 회복된 건강과 효율성과 다른 한편에서 적당한 재정적인 지출 사이의 비교가 가능하지 않다는 사실과는 꽤 동떨어져 있기는 하지만, 양로원과 의료적 치료의 끊임없는 지출과 성공적으로 완료된 분석에서 얻어진 능력과 효율성의 증가와 비교해보면, 우리는 환자가 괜찮은 흥정을 한 것이라고 말할 자격이 있다. 인생에서 어느 것도 병과 어리석음처럼 그렇게 비싼 것도 없다.

　　　분석적 치료를 시작하는 것에 대해서 언급을 마무리 짓기 전에 나는 어떤 의식 절차에 대해서 꼭 한마디 하고 싶다. 이것은 치료가 진행되는 위치에 대한 것이다. 나는 환자를 소파에 눕게 하고 나는 그의 시야 밖에 있는 뒤에 앉아 있는 것을 고수하고 있다. 이러한 배열은 역사적인 배경을 가지고 있다. 이것은 최면 치료법의 흔적이고 정신분석은 그것으로부터 발달해왔다. 하지만 이것은 많은 이유들로 계속 유지해야 할 가치가 있다. 첫 번째는 개인적인 이유이며 다른 사람들도 공감할 것이다. 나는 하루에 8시간(또는 그 이상) 동안 다른 사람들이 빤히 쳐다보는 것을 참고 견딜 수 없다. 환자의 이야기를 듣고 있을 동안에 나도 역시 나의 무의식적 생각의 흐름에 몰두하기 때문에, 나의 얼굴 표정들이 환자에게 해석에 대한 어떤 자료를 주거나 그가 어떤 것을 말하는 데 영향을 주는 것을 원치 않는다. 환자는 대개 이러한 자세를 취하도록 하는 것을 곤란하게 여기고 이것에 대해서 저항할 것인데, 특별히 보고자 하는 본능(절시증scopophilia)이 그의 신경증에 중요한 역할을 하고 있다면 더욱 그러할 것이다. 하지만 나는 이러한 방법을 고집하는 데 이것의 목적과 결과가, 전이가 환자의 연상들과 알아차릴 수 없게 뒤얽히는 것을 방지하고, 전이를 구분하고, 그것이 계속 발생하도록 허용하여 적절한 때에 저항으로 분명하게 설명할 수 있게 하기 때문이다. 많은 분석가들이 다른 방법으로 작업하고 있다는 것을 안다. 그렇지만 그러한 변경이 무엇인가 다르게 하고자 하는 갈망 때문인지, 아니면 그것으로 인해서 얻어지는 것을 발견했기 때문인지 나는 알지 못한다.

치료의 환경은 이런 방식에서 조절될 수 있는데, 어느 시점에 어떤 자료로 치료를 시작하는가에 대한 질문이 생긴다.

치료의 시작은 환자의 인생사이든 아니면 그의 병력이든 또는 어린 시절의 회상이든 어떤 문제로 시작해도 대체로 괜찮다. 그러나 어떤 경우이든지 반드시 환자가 말을 하게 두어야 하고, 어떤 지점에서 시작할지를 자유롭게 선택할 수 있어야 한다. 그래서 우리는 그에게 이렇게 말할 수 있다. "내가 당신에게 어떤 것을 말하기 전에, 나는 당신에 대해서 많은 것을 알아야 합니다. 당신이 알고 있는 당신에 대해서 말해주십시오."

이것에 유일한 예외는 환자가 지켜야만 하는 정신분석 기법의 근본적 규칙을 말할 때이다. 이것은 반드시 치료 맨 처음에 그에게 전달해야 한다. "시작하기 전에 한 가지 더 말씀 드릴 것이 있습니다. 당신이 나에게 말하는 것은 한 가지 면에서 일상적인 대화와는 다릅니다. 보통 당신은 당신이 하는 말에 흐르는 연결 고리를 유지하려고 당연히 애를 쓰면서 논점에서 너무 멀리 벗어나지 않기 위해서 당신에게 떠오르는 거슬리는 생각이나 부차적인 이슈들을 배제하려고 할 것입니다. 그러나 분석의 경우에는 다르게 진행해야만 합니다. 여러 가지 이야기를 하시면서, 다양한 생각이 당신에게 떠오르게 되고 그중에 어떤 것은 어떤 비평이나 이의를 근거로 옆으로 제쳐 놓고 싶게 되는 것을 알게 될 것입니다. 이것 또는 저것이 여기에는 관계가 없고, 또는 너무도 하찮은 것이거나 터무니없는 것이어서 그것을 말할 필요가 없다고 스스로에게 말하고 싶을 것입니다. 당신은 이러한 비평에 굴복해서는 안 되고 그러한 비평에도 불구하고 반드시 그것을 말해야 합니다. 정말이지, 그렇게 하는 것에 반감을 느끼는 바로 그 이유가 그것을 말해야 하는 이유입니다. 후에, 당신은 이 권고에 대한 이유를 발견하고 알게 될 것입니다. 이것이 참으로 당신이 지켜야 하는 유일한 것입니다. 당신의 마음에 떠오르는 것은 무엇이든지 말하시오. 예를 들면, 마치 당신이 기차의 창가에 앉아 있는 여행객이고 기차 안쪽에 있는 누군가에게 당신이 보고 있는 바깥 풍경이 변하는 것을 설명하는 것처럼 그렇게 행동하십시오. 마지막으로, 당신이 전적으로 정직하겠다고 약속했다는 것을 잊지 마십시오. 어떤 이유에서든 어떤 것을 말하는 것이 유쾌하지 않다는 이유

로 그것을 빼놓지 말아야 합니다.'(2)

환자들 중에 어떤 특정한 순간에 그들의 병이 발

---

(2) 정신분석의 근본적 규칙에 대한 우리의 경험에 대해서 많은 것이 거론될 수 있다. 가끔 어떤 사람들을 만나게 되는데 그들은 마치 그들을 위해서 이 규칙을 그들이 만든 것처럼 행동한다. 또 다른 사람들은 처음부터 이것을 위반한다. 치료의 처음 단계에서 이 규칙을 규정하는 것이 꼭 필요하고 또한 유리하다. 이후에 저항이 강력하게 되면 이것을 따르는 것이 약해지고 모든 분석에서 환자가 이것을 무시하는 때가 온다. 우리는 우리 자신의 자기 분석을 통해서 어떤 생각을 거부하기 위해서 비판적인 판단에서 나오는 이러한 구실을 따르는 것이 얼마나 억누를 수 없는 유혹인지 기억하고 있어야 한다. 기본 규칙을 정함에 있어서 치료사가 환자와 맺는 그러한 합의의 영향력이 얼마나 적은지, 제3의 인물에 대한 친밀한 어떤 것이 처음으로 그의 마음에 떠오를 때 자주 증명이 된다. 그는 그가 모든 것을 말해야 한다는 것을 알고 있지만, 다른 사람에 대한 신중함이 새로운 장애물이 된다. '내가 정말 모든 것을 다 말해야 하나? 나는 나와 관련된 것에만 그것을 적용한다고 생각한다.' 그 환자의 다른 사람들과의 관계와 그들에 대한 그의 생각을 배제한다면 분석을 하는 것은 당연히 불가능하다. Pour faire une omelette il faut casser des oeufs(오믈렛을 만들기 위해서는 우선 달걀을 깨야 한다). 고결한 사람은 다른 사람들의 사적인 일은 그가 알 만큼 중요한 것이 아니어서 쉽게 잊어버린다. 이름의 경우에도 예외를 만들어서는 안 된다. 그렇지 않으면 환자의 이야기들이 괴테의 연극 〈사생아 딸Die naturliche Tochter(The Natural Daughter)〉의 장면들과 같이 약간 어슴푸레해지고 의사의 기억에 머물지 않는다. 더욱이, 말하지 않은 이름들은 온갖 종류의 중요한 연결에 접근하는 것을 차단한다. 어떤 이는 아마도 환자가 치료사 그리고 분석의 절차에 더욱 친숙해질 때까지 이름들을 한쪽에 남겨두는 것을 허용할 수 있다. 하지만 어떤 한 부분에서 이러한 보류가 허용되면 전체 과제가 불가능하게 되는 것은 매우 주목할 만하다. 우리는 한 정신병원이 어떤 시점에 어떤 소도시에 생기게 된다면 어떤 일이 생길 것인지 생각해보기만 하면 된다. 그 도시의 잡동사니들이 그곳에 모이는 데 얼마나 걸리겠는가? 나는 고위 공무원을 치료한 적이 있다. 그는 어떤 것은 그것이 국가 비밀이어서 누설하지 않겠다는 취임선서에 묶여 있었다. 이러한 제한으로 인해서 분석은 완전히 실패로 끝났다. 정신분석 치료는 어떠한 고려사항도 고려하지 않아야 하는데, 신경증과 저항이 그러한 고려를 하지 않기 때문이다.

생했다고 그 시기를 추정할 수 있는 사람들은 보통 그것의 촉발 원인에 집중한다. 환자들 중에 신경증과 아동기 사이의 관계를 인식하고 있는 사람들은 종종 전체 인생이야기로 시작한다. 체계적인 이야기를 결코 기대해서는 안 되며, 그렇게 하라고 격려할 필요도 없다. 이야기의 온갖 세부 사항은 후에 새롭게 다시 이야기될 것이고, 환자가 알지 못했던 중요한 연관성을 제공해줄 추가적인 자료가 나타나게 되는 것은 오직 이러한 반복들을 통해서이다.

초기 회기들부터 자신들이 말하게 될 것을 주의 깊게 준비하는 환자들도 있는데, 표면적으로는 치료에 헌신된 시간을 잘 활용하기 위해서이다. 이런 열심으로써 위장하는 것은 저항이다. 이러한 종류의 준비는 하지 않도록 해야 하는데, 달갑지 않은 생각들이 불쑥 나타나는 것을 경계하기 위해서 이런 준비가 이용되기 때문이다. 진정으로 환자는 자신이 훌륭한 의도를 가지고 있다고 생각하겠지만, 저항은 이러한 의도적인 준비의 방법에 관여할 것이며 가장 귀중한 자료는 소통을 피해가도록 만드는 것이다. 그리고 머지않아 그 환자가 다른 수단을 고안해내고 그것을 통해서 필수적인 것을 치료로부터 철수시키는 것을 발견하게 될 것이다. 그는 매일 절친한 친구와 치료에 대해 이야기 나누게 될 수도 있고, 치료사가 있을 때 이야기되어야만 하는 생각들을 친구와의 토론으로 가져올 것이다. 따라서 치료는 새는 곳이 생기게 되고 가장 귀중한 것들이 흘러나가게 된다. 이런 일이 발생하면, 오랜 지체 없이 환자가 그의 분석을 자신과 치료사 사이의 일로 다루고 분석의 지식을 다른 사람과 나누는 것을 하지 말도록 권고해야 한다. 그들이 아무리 친한 사람들이라도 또는 아무리 꼬치꼬치 캐묻더라도 그렇게 해야 한다. 이후의 치료 단계에서 환자는 대체로 이러한 종류의 유혹에 넘어가지 않는다.

어떤 환자들은 그들의 치료가 비밀로 지켜지기를 원하는데, 종종 자신들의 신경증을 비밀로 유지해왔기 때문이다. 나는 그들이 이렇게 하는 것을 허용한다. 결과적으로 세상이 매우 성공적인 치료에 대해서 아무것도 듣지 못하는 것은 물론 고려할 만한 사항이 되지는 않는다. 비밀보장에 대한 환자의 결정은 명백히 그의 비밀스러운 역사의 한 측면을 드러내는 것이다.

치료의 시작에서 환자에게 될 수 있는 대로 적은 수의 사람에게만 치료에 대해서 말하라고 조언하는 것에서, 우리는 또한 어느 정도는 그를 분석에서 떠나게 하는 적대적인 영향들로부터 그를 보호하는 것이기도 하다. 그러한 영향은 치료의 시작 단계에서는 매우 좋지 않은 영향을 줄 수 있다. 나중에 그것은 대개 중요하지 않거나, 또는 숨기려고 했던 저항을 전면에 나오게 하는 데 유용하기도 하다.

분석 중에 환자가 일시적으로 다른 의료적 처치나 전문의의 처치가 필요하다면, 이런 다른 치료를 자신이 하는 것보다 분석가가 아닌 의사동료에게 보내는 것이 훨씬 지혜롭다. 강력한 신체적 기반을 가지고 있는 신경증적 질환들을 함께 치료하려는 것은 거의 항상 실행하기 불가능하다. 환자들은 그들을 건강으로 인도해줄 수 있는 길을 한 가지 이상 보여주자마자 분석으로부터 관심을 걷어 들인다. 최선의 방법은 심리적 치료가 끝날 때까지 신체적 치료는 연기하는 것이다. 만약 후자를 먼저 시도하면 대부분의 경우에 성공하지 못할 것이다.

치료의 시작으로 돌아가자. 환자들은 때때로 말할 것이 아무것도 생각나지 않는다고 우리에게 단언하면서 치료를 시작한다. 하지만 사실은 그들의 인생사와 그들의 병에 대한 이야기 전 분야가 그들이 선택할 수 있게 열려 있다. 무엇을 이야기해야 할지 우리에게 말해달라는 요구는 처음부터 들어주어서는 안 된다. 우리는 여기에 어떤 것이 연루되어 있다는 것을 명심해야 한다. 강력한 저항이 신경증을 방어하기 위해서 전면으로 나온 것이다. 그러기에 우리는 그 도전을 받아들여야 하고 그것을 붙잡고 씨름해야 한다. 회기의 시작에 아무 생각도 전혀 떠오르지 않는 것은 불가능하며 의심되는 바는 그것이 분석에 반한 저항이라는 것을 힘 있고 반복적으로 환자에게 확언하면, 그는 곧 예측한 인정을 하거나 그의 콤플렉스들 중에 첫 번째 조각을 드러내게 된다. 그가 분석의 근본적인 규칙을 듣고 그럼에도 불구하고 이것 또는 저것을 자신 안에 간직하겠다고 고백한다면 이것은 나쁜 신호이다. 그가 자신이 얼마나 분석을 믿지 못하고 있는지 혹은 분석에 대해서 소름끼치는 것을 들었다고 우리에게 말한다면 그것은 그렇게 심각한 것은 아니다. 이러한 것들이 마음속에 있음에도 불구하고 인정하지 않거나 이와 비슷한 가능성을 부인했을 경우에도, 우리가 주장을 하게 되면 그는 자신의 마음을 빼앗고 있었던 어떤 생각을 간과했다고 시인하게 될 것이다. 그는 분명하지는 않더라도 치료 자체에 대해서 생각하고 있었거나, 또는 그가 있는 방의 사진에 대해서 생각하고 있다거나, 상담실 안에 있는 물건들이나 소파에 누워 있다는 사실을 계속 생각하고 있을 수도 있다. 그는 이 모든 것들을 "아무것도 없다"라는 말로 대체한 것이다. 이러한 징후는 충분히 이해할 만하다. 즉, 현재 상황과 관련된 모든 것은 치료사에 대한 전이를 나타내는데, 이것이 첫 번째 저항으로 사용되기에 적합했던 것이다. 따라서 우리는 어쩔 수 없이 이러한 전이를 밝히는 것으로 시작할 수밖에 없다. 이것으로 생긴 길이 환자의 병인적 자료에 신속한 접근을 제공할 것이다. 과거 성적 공격성에 시달렸던 사건들을 가진 여성들과 매우 강한 억압된 동성애를 가진 남성들은 분석의 시작에서 그들에게 떠오르는 생각들을 말하지 않는 경향이 많다.

환자의 첫 번째 증상이나 첫 번째 저항 같은 우연한 행동은 특별히 흥미로운 점을 가지고 있는데, 그의 신경증을 지배하는 콤플렉스를 누설할 수 있다. 매우 섬세한 미학적 감수성을 가진 영리한 젊은 철학자는 첫 번째 시간, 눕기 전에 우선 그의 바지의 주름을 폈다. 그는 예전에 극도로 정교한 분변기호벽coprophilia을 가지고 있었는데 이것은 탐미주의자로부터 당연히 예상할 수 있는 것이다. 젊은 여성이 같은 단계에서 서둘러 그녀의 치마의 단으로 드러난 발목을 덮었다면, 이것을 하는 것으로 그녀는 그녀의 분석이 나중에 밝히게 될 것의 요지(그녀의 신체적 아름다움에 대한 나르시시즘적 자부심과 노출증의 경향성)를 보여주는 것이다.

많은 환자들이 누우라는 요구에 반대하는데, 치료

사가 그들 뒤 시야 밖에 앉아 있기 때문이다. 그들은 다른 자세로 치료를 받는 것을 허락해달라고 요청하는데, 대부분은 치료사의 모습을 보는 것을 박탈당하고 싶지 않기 때문이다. 보통 이것이 허용되지 않는다. 하지만 실제 '회기session'의 시작 전이나, 또는 시간이 다 되었다고 말하고 그들이 일어난 후에 어떻게든 몇 마디 하는 것을 막을 수는 없다. 이러한 방법으로, 그들은 치료를 자신들의 견해에 의해서 공식적인 부분과 비공식적인 '친근한' 부분으로 나누고, 공식적인 부분에서는 대개 매우 억제된 방식으로 행동하고, 비공식적인 부분에서는 정말 자유롭게 이야기하면서 치료의 일부라고 여기지 않는 온갖 종류의 것들을 말한다. 치료사는 이런 부분을 길게 허용해서는 안 된다. 회기 전이나 후에 이야기되는 것을 주목해야 하고, 처음 기회에 그것을 거론해서 환자가 세운 칸막이벽을 내려야 한다. 이러한 칸막이벽은 전이-저항의 자료를 통해서 다시 이해되어질 것이다.

　　　　환자의 의사소통과 생각이 어떠한 방해 없이 계속되는 한 전이의 주제는 다루지 않고 그대로 두어야 한다. 치료사는 전이가 저항이 될 때까지 반드시 기다려야 한다. 이 부분은 모든 과정에서 가장 섬세하고 신중한 부분이다.

　　　　우리가 직면하게 되는 다음 질문은 원칙에 대한

문제이다. 그것은 이런 것이다. 우리는 언제 환자와 의사소통을 시작해야 하는 것인가? 그에게 생겼던 생각들의 숨겨진 의미를 밝히는 순간은 언제이고, 분석의 근본원리와 기법적 절차를 알게 하는 것은 언제인가?

이것에 대한 대답은 다음과 같을 수밖에 없다. 환자에게 실질적인 전이, 즉 적절한 라포가 생긴 이후여야 한다. 그를 치료와 치료사에게 애착을 갖게 하는 치료의 첫 번째 목표는 여전히 남아 있다. 이것을 확실히 하기 위해서 어떤 것도 할 필요가 없고 단지 그에게 시간을 주면 된다. 만약 치료사가 환자에게 진지한 관심을 보이고, 초반부에 일어나는 저항을 조심스럽게 없애고, 특정한 실수들을 피할 수 있다면, 그는 스스로 그러한 애착을 형성할 것이고, 그에게 애정을 가지고 대했던 사람들의 이마고 중 하나를 치료사와 연결시킬 것이다. 만약 치료사가 처음부터 공감적 이해를 갖기보다 훈계하는 것과 같은 입장을 취한다면, 또는 어떤 경쟁적 입장의 대표나 지지자처럼 행동하면(예를 들면, 결혼한 부부의 한쪽 편을 드는 것), 분명 이런 첫 번째 성공을 박탈당할 수도 있다.

이 대답은 물론 환자의 증상에 대한 해석을 우리 스스로 어림짐작하자마자 그에게 주거나, 첫 번째 인터뷰에서 그의 면전에 이러한 '해결들'을 들이대는 것을 특별한 승리로 여기는 그런 종류의 모든 행동에 대한 비난을 포함하고 있다. 숙련된 분석가가 환자의 불평과 그의 병에 대한 이야기의 행간에서 숨겨진 소망을 명확하게 읽는 것은 어려운 것이 아니다. 하지만 분석에 대하여 전혀 모르는 사람에게 만난 지 얼마 되지 않아서 그가 자신의 어머니와 근친상간적 유대로 결합되어 있고, 그가 사랑하는 것처럼 보이는 아내의 죽음을 바라는 소망을 마음에 가지고 있고, 그의 상사를 배신할 의도를 숨기고 있다는 등등 정신분석적 생각을 말한다면, 그 치료사는 얼마나 자기 도취와 경솔함에 빠진 사람인가! 이러한 종류의 급작스러운 진단과 '표현하는' 치료를 하고 있는 분석가들이 있다는 것을 들었다. 하지만 나는 모든 이에게 이러한 예를 쫓지 말라고 경고한다. 이런 종류의 행위는 환자의 눈에 치료와 치료사 자신의 신용도를 완전히 떨어뜨리고, 치료사의 추측이 맞든 또는 그렇지 않든 최대로 격렬한 반감을 일으킬 것이다. 정말로 그 추측이 맞으면 맞을수록 저항은 더욱 격렬해질 것이다. 대체로 치료적인 효과는 없을 것이다. 하지만 환자가 분석을 그만두는 것은 최종적인 것이다. 조금 더 이후의 분석의 단계에서도, 치료사가 환자에게 증상의 해결이나 소망의 해석을 말하는 것은 환자가 이미 그것에 매우 가깝게 있어 단지 한 발짝만 나가면 그 설명을 스스로 발견할 수 있을 때까지는 주의 깊게 삼가야 한다. 때 이른 해결책의 전달은 그것이 갑자기 일깨운 저항뿐만 아니라 그 해결책이 가져온 증상의 경감 때문에 치료가 시기적으로 부적절하게 종결로 이르게 되는 것을 나는 종종 경험했었다.

그런데 이 시점에서 어떤 반대 의견이 일어날 것이다. 그렇다면 치료를 연장하고, 될 수 있는 대로 치료를 빠르게 끝내지 않게 하는 것이 우리의 임무인가? 환자의 질병은 그의 지식과 이해의 부족 때문이고 가능한 빨리, 즉 치료사 자신이 이유를 알게 되자마자 그를 계몽하는 것이 직무가 아닌가? 이러한 질문에 대답하기 위해서 분석에서의 안다는 것의 의미와 치료의 메커니즘에 대한 짧은 여담을 소개하고자 한다.

초기의 분석 기법에서 우리가 지성주의의 입장을 취한 것은 사실이다. 우리는 환자가 자신이 잊어버린 것에 대해 알게 되는 것에 높은 가치를 두었고, 그것에 대한 우리의 지식과 그의 지식 사이에 어떤 구별도 거의 하지 않았다. 만약 우리가 다른 출처들로부터(예를 들면, 부모나 보모 또는 가해자로부터) 잊어버린 아동기 외상에 대한 정보를 획득할 수 있다면 그것은 특별한 종류의 행운이라고 생각했다. 몇몇 사례에서는 이것이 가능했다. 그리고 우리는 그 정보를 그것이 옳다는 증거들과 함께 환자에게 빨리 전달했다. 이렇게 했던 것은 신경증과 치료를 신속하게 종결하고자 하는 확실한 기대 때문이었다. 기대했던 성공이 나타나지 않았을 때 실망은 극심했다. 어떻게 자신의 외상의 경험을 알게 된 환자는 그럼에도 불구하고 마치 그는 그것에 대해서 전보다 더욱 모르는 것처럼 행동할 수 있단 말인가? 정말로 억압된 외상을 그에게 말하고 묘사하는 것은 그의 마음에 그것에 대한 어떤 기억도 떠오르게 하지는 않았다.

한 사례에서 히스테리 소녀의 어머니는 딸의 발작의 고착에 매우 크게 기여한 동성애적 경험을 나에게 털어놨다. 그 어머니 스스로가 그 현장에 불시에 들어갔었다. 이 사건은 이 환자가 이미 사춘기에 들어가고 있을 때 일어났음에도 불구하고 그녀는 그것에 대해서 완전히 잊고 있었다. 이때 나는 매우 유익한 관찰을 할 수 있었다. 내가 그녀에게 그녀의 어머니의 이야기를 반복할 때마다 그녀는 히스테리 발작으로 반응했고 이후에 그녀는 그 이야기를 또 잊어버렸다. 그 환자는 자신에게 강제적으로 주어진 지식에 반하여 맹렬한 저항을 표현했다는 것은 의심의 여지가 없다. 결국 그녀는 지적장애인인 척했고 완전히 기억을 하지 못하는 척했는데, 내가 말한 것으로부터 그녀 자신을 보호하기 위해서였다. 그 후에, 안다는 사실에 부여했던 중요성을 중단하고 저항에 강조점을 두는 것 외에는 선택이 없었다. 그 저항이 과거엔 알지 못하는 상태를 초래했고, 지금도 여전히 그 상태를 방어할 태세를 하고 있다. 의식의 지식은 그러한 저항에 대항해서는 힘이 없었다.

환자들의 이상한 행동은 의식의 앎과 알지 못함이 조합되어 생겨날 수 있는데, 소위 말하는 정상심리학으로는 설명되지 않은 채 남아 있다. 하지만 무의식의 존재를 인정하는 정신분석에게, 그것을 이해하는 것은 어려운 것이 아니다. 더욱이, 우리가 묘사하고 있는 그 현상은 정신적 과정을 지형학적으로 구별하는 관점에서 접근하는 것이 얼마나 적절한지를 잘 보여준다. 그 환자들이 지금은 억압되었던 경험을 의식적 사고로 알고 있을지라도, 이러한 사고는 그 억압된 기억이 이런 저런 방법으로 들어가 있던 그곳과의 연결성이 매우 부족하다. 의식의 사고 과정이 그곳으로 관통하여 들어가서 그곳에서 억압의 저항을 극복할 때까지는 아무런 변화도 가능하지 않다. 그것은 마치 법무부로부터 청소년 범죄는 관대한 태도로 다루어져야 한다는 취지의 법령이 발표되는 것과 같은 것이다. 이 법령은 지역의 치안판사가 알게 되지 않는 한, 또는 그것을 따르려고 하지 않고 그들 스스로의 권한으로 법을 집행하는 것을 선호하는 경우에 젊은 범죄자를 취급하는 데 아무런 변화도 일어나지 않는다. 하지만 정확성을 위해서 덧붙이고 싶은 것은, 환자의 의식에 억압된 자료를 소통시키는 것은 어쨌거나 효과가 없지는 않다는 것이다. 그것이 증상을 종식시키는 바라던 결과를 낳지는 않지만 다른 결과들을 가져온다. 처음에는 그것은 저항을 일으키는데, 그 후에 그런 저항이 극복되었을 때 무의식적 기억의 영향력이 마침내 발생하게 되고, 그 과정에서 사고의 과정이 생기게 된다.

이제, 치료에 의해서 작동하게 된 힘들의 작용을 개관할 시간이다. 치료에서 주요 추진력은 환자의 고통과 그것 때문에 일어나게 되는 치료되고픈 소망이다. 이러한 추진력은 다양한 요소들(이 요소들은 분석이 진행될 때까지는 발견되지 않는다)에 의해서 무엇보다도 우리가 '병으로 인한 이차적 소득'이라고 칭한 것에 의해서 약화된다. 이 요소들은 분석이 진행될 때까지는 발견되지 않는다. 이 추진력은 치료의 끝까지 유지되어야만 하는데 모든 호전은 그것의 감소에 영향을 준다. 그렇지만 이 추진력 자체만으로 병을 제거하기에는 충분하지 않다. 병을 제거하기 위해서 이 추진력은 두 가지 면에서 부족하다. 즉, 이것은 끝에 도달하기 위해서 어떤 길을 따라 가야 하는지 알지 못한다. 그리고 이것은 저항들에 반대하기 위해서 필요한 에너지의 할당량을 가지고 있지 않다. 분석 치료가 이 두 가지 부족을 해결하게 도와준다. 분석 치료는 전이를 위해서 준비되어 있던 에너지를 활성화하는 것을 통해서 저항을 극복하기 위해 필요한 에너지의 양을 제공한다. 적절한 시기에 환자에게 정보를 주는 것으로써 이러한 에너지를 집중해야만 하는 길을 그에게 보여준다. 매우 빈번하게 전이 그 자체가 그 병의 증상들을 제거할 수 있지만, 하지만 잠시 동안만이며 전이가 지속될 때까지만이다. 이러한 경우에 치료는 암시에 의한 치료이지 결코 정신분석은 아니다. 전이의 강력함이 저항의 극복을 위해서 활용될 때에야 비로소 정신분석이라고 말할 자격이 있다. 그렇게 될 때에야 병들어 있는 것이 불가능해진다(그 전이가 해소되었을 때에도). 그리고 이것이 전이의 예정된 끝이다.

치료의 과정에서 도움이 되는 또 다른 요소가 일어난다. 이것은 환자의 지적 관심과 이해이다. 하지만 이것만으로는 이러한 투쟁에 관여하게 된 다른 힘들과 비교해서는 그렇게 중요하다고 말할 수는 없다. 왜냐하면 저항으로 인해 발생하는 판단의 혼탁함 때문에 그것의 가치를 상실할 위험이 항상 있기 때문이다. 따라서 환자가 그의 분석가에게 힘입어 얻은 새로운 힘의 원천은 전이와 교육(의사소통을 통한)에 제한되어 있다. 환자는 그러한 교육을 전이에 의해서 그렇게 하도록 하게 되는 한에서만 사용하게 된다. 바로 이것이 우리의 첫 번째 의사소통을 강한 전이가 만들어질 때까지 보류해야 되는 이유이다. 이것은 그 이후의 모든 의사소통에도 적용된다고 할 수 있다. 각 사례에서 잇따르는 전이 저항의 출현으로 생겨난 전이의 혼란이 제거될 때까지 우리는 기다려야만 한다.

기억하기, 반복하기, 그리고 작업해내기

기억하기, 반복하기, 그리고 작업해내기
Remembering, Repeating, and Working-Through
(Further Recommendations on the Technique of Psychoanalysis II)

정신분석적 기법들이 처음 시작 이후로 얼마나 많
은 변화를 겪었는지를 독자들에게 계속 상기시키는 것이 나
에게는 그리 불필요한 것으로 보이지 않는다. 첫 번째 단계
였던 브로이어의 카타르시스 단계에서, 그 주요 특징은 곧바
로 증상이 형성된 시기에 집중하는 것과, 그 상황과 관련된
정신적 과정들을 재현하고자 지속적으로 노력하는 것이었는
데, 의식의 활동의 길을 따라 그러한 정신적 과정이 발산되
도록 하기 위해서였다. 기억하기와 해소하기, 이것이 그 당
시 최면 상태의 도움으로 이루고자 했던 것이었다. 최면을
포기한 이후의 과제는 환자의 자유연상을 통해서 기억할 수
없었던 것을 발견하는 것이 되었다. 이때 생기는 저항은 해
석적 작업과 그 작업의 결과물을 환자가 알게 함으로써 피해

가야만 했다. 증상을 형성케 했던 상황들과 병이 발생했던 시기에 숨겨져 있던 다른 상황들이 다시 관심의 대상이 되었다. 이 과정에서 해소의 요소는 배경으로 물러났고, 정신분석의 근본적인 규칙에 따라 환자가 자유연상에 대한 자기비판을 극복해야만 하는 수고스러운 작업이 중심이 되었다. 마침내, 오늘날 우리가 사용하고 있는 일관성 있는 기법으로 발전하게 되었다. 즉, 특정한 순간이나 문제에 초점을 맞추려는 시도를 그만두었고, 무엇이든 그 순간에 환자의 마음의 표면에 있는 것을 탐구하는 것으로 분석가는 만족했다. 그리고 해석의 예술은 주로 그 당시 나타난 저항을 인식하고 환자가 그것을 의식하게 하는 데 주로 사용된다. 이로써, 애써야 할 새로운 부분이 생겨났다. 즉, 치료사는 환자가 알지 못하는 저항을 밝혀내야 한다. 저항을 이겨낼 때 환자는 잊었던 상황과 관련된 것을 어려움 없이 연결시킬 수 있다. 이러한 각각의 기법의 목표는 물론 여전히 동일하다. 서술적으로 말하자면 이것은 기억의 결함을 보완하기 위해서이고, 역동적으로 말하자면 이것은 억압으로 인한 저항들을 극복하기 위해서이다.

우리는 여전히 예전의 최면 기법에 고마워해야 하는데, 하나의 분리된 형식 또는 도식적 형식으로 분석에서의 단일한 심리적 과정들을 우리에게 보여주었기 때문이다. 이것이 우리에게 용기를 주어서 분석적 치료에서 더욱 복잡한 상황들을 만들 수 있게 되었고, 그것들을 명료하게 할 수 있게 되었다.

이러한 최면적 치료에서 기억하는 과정은 매우 단순한 형태를 취했다. 환자는 현재와 결코 혼동하지 않을 이전의 상황에 자신을 다시 넣고 그것에 속해 있는 정신적 과정을 이야기하게 된다. 그리고나서 그는 그때까지 무의식으로 있었던 것을 의식적인 것으로 변형하면서 생기는 결과물들을 그 이야기에 추가했다.

지금 이 시점에서 나는 몇 가지 소견을 덧붙이려고 하는데, 이것들은 모든 분석가들이 관찰을 통해서 사실임을 확인한 것들이다. 장면들, 인상들 혹은 경험들을 잊어버리는 것은 거의 항상 그것들을 차단하기 때문에 생기는 것이라고 말할 수 있다. '잊어버린' 것들에 대해서 환자가 말할 때, 거의 이렇게 말하는 것을 빼놓지 않는다. "사실, 나는 그것을 항상 알고 있었어요. 다만 생각하지 않았을 뿐이에요." 그가 '잊어버렸다'고 부를 수 있는 그런 것이 머리에 많이 떠오르지 않은 것에 대해서 그리고 그러한 일이 발생한 이후로 그것에 대해서 생각해본 적이 없었던 것에 대해서 종종 실망감을 표현한다. 그럼에도 불구하고 이런 욕구까지도 충족되었는데, 특히 전환 히스테리의 경우에는 그렇다. 현재 가지고 있는 은폐 기억들의 진정한 가치를 검토 평가하게 되면, '잊어버렸다는 것'은 더욱 한정되어진다. 어떤 사례들에서, 우리에게 친숙한 아동기 기억상실(이론적으로 우리에게 매우 중요하다)이 은폐 기억에 의해서 완전히 균형이 맞추어졌다는 인상을 받았다. 아동기에서의 본질적인 것의 '어떤 것'들뿐만 아니라 '모든 것'이 이러한 기억에 보존되어 왔다. 분석을 통해서 그런 은폐 기억들로부터 어떻게 중요한 것을 추출할 수 있는가를 알아내는 것이 숙제이다. 꿈에 드러난 내용이 꿈-사고를 표현하는 것처럼 은폐 기억은 잊어버렸던 아동기를 표현한다.

　　　　　다른 심리 과정의 그룹(환상, 조회과정processes of reference, 정서적 충동, 사고의 연결)은 전적으로 내적인 활동으로서 인상들과 경험들에 대조를 이룰 수 있고, 잊어버리는 것과 기억하는 것의 관계에서 반드시 구별해서 고려해야 한다. 이러한 과정에서 '잊어버린' 적이 결코 없었던, 왜냐하면 어떤 때에도 결코 주목하지 않아서 한번도 의식된 적이 없었던 어떤 것이 기억나는 일이 종종 발생한다. 심리적 사건들에 의해서 취해진 경로에 대하여, 하나의 '사고-연관성'이 의식에 있었고 그런 다음에 잊혀졌는지 아니면 그것이 의식으로 된 적이 전혀 없었는지는 별 차이는 없는 것으로 보인다. 환자가 분석 과정에서 습득한 확신은 이러한 종류의 기억들과는 사실상 별도이다.

특별히 강박적 신경증의 다양한 형태에서 잊어버리는 것은 사고의 연결의 해체, 올바른 결론을 내는 것의 실패, 기억들의 격리에 대부분 한정되어 있다.

일반적으로 어떤 기억도 해낼 수 없는 특별한 종류의 중요한 경험이 있다. 이러한 경험들은 매우 초기 유년기에 발생했고, 그때 당시에 이해되지 않았지만 그 후에 이해되고 해석된다. 누구든 그것들에 대한 지식을 꿈을 통해서 얻을 수 있고, 신경증의 조직이 제공하는 매우 유력한 증거를 근거로 그 경험들이 존재한다고 믿을 수밖에 없다. 환자는 저항을 극복한 후에 그러한 경험을 받아들이는 것을 거부하기 위한 근거로써 기억에 없다는 말을 더 이상 하지 않는다는 것을 우리는 확인할 수 있다. 하지만 이 문제는 매우 중대한 주의를 요하며, 새롭고 놀랄 만한 많은 것들을 보여주고 있기 때문에 적절한 자료와 관련지어서 단독으로 논의하기 위해서 남겨놓고자 한다.

새로운 기법을 사용하게 되면 유쾌하고 순조롭게

흐르는 과정은 거의 없거나 어느 경우에는 전혀 없기도 하다. 어떤 사례들은 어느 시점까지는 최면 기법을 사용할 때의 사례처럼 진행되다가 후에 가서는 그렇게 하는 것을 멈추게 된다. 하지만 다른 사례들은 처음부터 다르게 진행된다. 만약 우리가 차이점을 알아보기 위해서 두 번째 유형에 국한하여 생각해본다면, 아마도 그 환자는 잊어버리고 억압했던 것 중에 어느 것도 기억하지remember 못하고 그것을 행동으로 실연해act out 보인다고 말할 것이다. 그는 그것을 기억으로서가 아니라 행위로서 재현한다. 그는 물론 자신이 반복하고 있다는 것을 알지 못한 채 그것을 반복한다repeat.

예를 들면, 환자는 자신의 부모의 권위에 반항적이었다거나 비판적이었다는 것을 기억하고 있다고 말하지 않는다. 대신에 그는 의사에게 그와 같은 방식으로 행동한다. 그는 그의 유아기 성적 탐구에서 어떻게 무력하고 절망적인 막다른 길에 이르게 되었는지 기억하지 못한다. 하지만 혼동스러운 꿈들과 연상들을 만들어내고, 자신이 어떤 것에도 성공하지 못한다고 불평하고, 그가 착수한 것을 결코 완수할 수 없는 운명이라고 주장한다. 그는 어떤 성적 행위들에 대해서 심각하게 수치스럽게 느끼고 있었고 그것들이 발각될 것을 두려워하고 있었다는 것을 기억하지 못한다. 하지만 그는 지금 시작한 치료에 대해서 수치스럽게 느끼고 있다는 것을 분명히 하며 모든 사람들에게 그것을 비밀로 지키려고 노력한다.

무엇보다도, 환자는 이러한 종류의 반복으로 치료를 시작하게 될 것이다. 인생의 많은 역경을 경험하고 오랜 병력을 가진 환자에게 정신분석의 기본적인 규칙을 소개하고 그의 마음에 떠오르는 것을 이야기 하도록 요청하면, 치료사는 환자가 많은 정보를 쏟아낼 것이라고 예상할 것이다. 하지만 종종 처음에 일어나는 일은 그가 아무 할 말이 없다고 말하는 것이다. 그는 침묵하고 아무것도 떠오르지 않는다고 말한다. 물론 이것은 단순히 동성애적 태도의 반복이며 어떤 것을 기억하려는 것에 대한 저항으로서 앞으로 나온 것이다. 환자가 치료 안에 있는 한 반복하려는 강박충동을 피할 수는 없다. 그리고 결국 이것이 그가 기억하는 방식이라는 것을 이해하게 된다.

우리는 무엇보다도 이러한 반복하려는 강박과 전이와 저항과의 관계에 자연히 관심을 갖게 된다. 전이 그 자체가 그저 반복의 일면이고 이 반복은 의사에게 뿐만 아니라 현재 상황의 다른 모든 면에 전이된 잊어버린 과거라는 것을 인식하게 된다. 환자는 반복하고자 하는 강박충동에 굴복하는데, 이것이 기억하고자 하는 충동을 대체한다. 이러한 것은 치료사에 대한 그의 개인적인 태도뿐만 아니라 그 당시 그의 삶을 차지하고 있는 다른 모든 활동과의 관계에서도 발생한다. 예를 들면, 치료 중에 사랑에 빠지거나 어떤 임무를 수행하거나 사업을 시작하게 된다거나 하는 것처럼 말이다. 저항이 하는 역할도 쉽게 인지하게 된다. 저항이 크면 클수록, 행동으로 실연하기(반복)가 기억하기를 더욱 광범위하게 대체할 것이다. 잊어버린 것에 대한 이상적인 기억하기는 최면 상태에서 발생한 것처럼 저항을 한쪽으로 완벽하게 치워놓은 상태와 일치한다. 치료를 시작할 때 언급되지는 않았지만 환자가 약간의 긍정적인 전이의 원조를 받고 있었다면 이것이 처음에는 그의 기억들을 발굴하는 것을 최면 상태에서 가능했을 것처럼 가능하게 해줄 것이다. 그리고 이러한 기간 동안에 그의 병리적인 증상들은 잠잠하고 있다. 하지만 분석이 진행됨에 따라 전이가 적대적이 되거나 지나치게 강렬하게 되어 억압의 필요성 아래 놓이게 되면, 기억하기는 즉시로 행동으로 실연하기로 acting out 바뀌게 된다. 그때부터는 저항이 반복되어야 하는 자료의 수순을 결정한다. 환자는 과거의 병기고에서 무기들을 뽑아내고 그것들을 가지고 치료의 진전으로부터 자신을 보호한다. 우리는 그 무기들과 하나하나씩 씨름해야만 한다.

우리는 환자가 기억하는 대신에 반복한다는 것과 저항의 상태에서 반복한다는 것을 배우게 되었다. 이제 환자가 실제로 어떤 것을 반복하는 것인지 그리고 어떤 것을 행동으로 실연하는 것인지 물을 수 있다. 내 대답은 이렇다. 그는 억압된 것들의 근원들로부터 그의 성격을 통해서 이미 나타난 모든 것을, 즉 금지들, 부적절한 태도들, 병리적인 성격 특성들을 반복한다. 그는 또한 치료의 과정에서 그의 증상들의 모든 것을 반복한다. 자, 이제 우리는 반복하려는 강박충동에 주목하게 되면서 어떤 새로운 사실이 아니라 더욱 포괄적인 견해를 획득했다는 것을 볼 수 있다. 우리는 환자의 병든 상태가 분석의 시작과 함께 멈출 수는 없고, 그의 병을 과거의 사건으로서가 아니라 현재의 세력으로 다루어야 한다는 것을 분명히 알고 있어야 한다. 이러한 병의 상태가 조금씩 치료 작업의 영역과 유효범위 안에서 드러나게 된다. 그리고 환자는 그것을 실제적이고 현재적인 것으로 경험하는 동안, 우리는 그것에 대한 치료적인 작업을 해야만 하는데, 이것은 많은 부분에서 그것의 과거에까지 거슬러 올라가는 것을 포함하고 있다.

기억하기는 최면에서 유발된 것처럼 실험실에서

실행된 실험같은 인상을 줄 수밖에 없다. 반면, 반복하기는 새로운 기법에 따른 분석 치료에서 유발되었을 때에 실제 삶의 한 면을 불러일으킨다. 이런 이유 때문에 그것이 항상 무해하고 이의가 없는 것이 될 수는 없다. 이것에 대한 고려는 매우 종종 피할 수 없는 '치료하는 동안의 악화'에 대한 전반적인 문제를 생각하게 한다.

다른 무엇보다도, 치료의 시작 그 자체가 환자 자신의 병에 대한 의식적 태도의 변화를 가져온다. 그는 평소에는 그것을 애석해 하고, 무의미한 것으로 싫어하고, 그것의 중요성을 평가절하하는 데 만족했었다. 그 병의 다른 부분에 대해서는, 그는 타조같은 억압의 방침을 취하는데, 이것은 그가 병의 원인에 취했던 방법이었다. 따라서 어떤 상태에서 그의 공포증이 발발하게 되었는지 제대로 알지 못하거나 또는 그의 강박적 생각들의 정확한 단어 선택을 듣지 않거나 또는 그의 강박적 충동의 실제적인 목적을 파악하지 못하는 일들이 발생할 수 있다. 물론 치료에 이런 것들은 도움이 안 된다. 그는 반드시 용기를 가지고 관심을 그의 병의 현상에 돌릴 수 있어야 한다. 그의 병이 그에게 더 이상 경멸할 대상으로 보이는 것이 아니라, 그의 성격의 한 부분인 패기를 사용할 만한 적이 되어야만 한다. 이러한 패기는 성격을 위한 견고한 기반이 되고, 이것을 통해서 그의 미래를 위한 소중한 것들을 얻어야만 한다. 따라서 그의 증상들에서 표현된 억압된 자료와의 화해를 위한 길이 처음부터 놓이게 된 것이고, 동시에 병든 상태에 대한 어느 정도의 참을성의 여지가 발견된 것이다. 그 병에 대한 이러한 새로운 태도가 갈등을 강화시키고 그때까지 희미했던 증상들을 전면으로 불러온다 할지라도 이러한 것은 필요한 것이고 일시적인 악화이며, 그 장소에 없거나 범위 밖에 있는 적은 물리칠 수 없다고 언급하는 것으로 환자에게 위안을 쉽게 줄 수 있다. 하지만 저항은 힘이 닿는 데까지 그 상황을 착취하고 병드는 특권을 남용한다. 그것이 이렇게 말하는 것처럼 보인다. '내가 그러한 것들을 따르게 되었을 때 어떤 일이 일어나는지 보십시오. 그것들을 억압으로 넘긴 것이 옳았던 것이 아니었습니까?' 특별히, 젊고 유아적인 사람들은 치료에 의해서 부과된 그들의 병에 주의를 집중해야 하는 필요성을 그들의 증상을 탐닉하기 위한 반가운 구실로 만드는 경향이 있다.

　　　　치료 과정에서 그때까지 느껴질 만큼 드러나지 않았던 새롭고, 좀 더 깊은 곳에 있던 추동drive의 충동이 반복되어지는 상황에서 또 다른 위험 상태가 발생하게 된다. 결국, 전이 바깥쪽에 있는 환자의 행동은 일상에서 일시적인

해를 끼치거나, 또는 그것을 영구적으로 선택해서 회복의 가능성을 무효화시킬 수도 있다.

이러한 상황에서 치료사가 채택하는 전략은 쉽게 정당화될 수 있다. 치료사에게는 예전 방식에서의 기억하기, 즉 심리적 영역 안에서의 재생이 목표인데, 그는 비록 이것이 새로운 기법에서는 성취할 수 없는 것임을 알고 있음에도 불구하고 그것을 충실히 지키는 것이다. 그는 환자가 운동을 수반하는 영역 쪽의 방향으로 돌리기 원하는 모든 충동을 심리적인 영역 안에서 머물게 하기 위한 계속되는 고투에 대비해야 한다. 만약 치료사가 환자가 행동으로 방출하기 원하는 어떤 것을 기억하는 작업을 통해서 처리할 수 있도록 도울 수 있다면 그것을 치료를 위한 승리로서 축하해도 된다. 전이를 통한 애착이 치료를 위해 도움이 될 만큼 자라게 되면 치료는 환자가 좀 더 중요한 반복적 행위들을 실행하는 것을 막을 수 있고, 그렇게 하고자 하는 그의 의도를 치료적 작업을 위한 자료로서 활용할 수 있다. 치료기간 동안에는 환자가 자신의 삶에 영향을 줄 만한 어떤 중요한 결정도 하지 않겠다고 약속하는 것은 충동을 실행하다가 생길 수 있는 손상으로부터 환자를 보호할 수 있다. 예를 들면, 어떤 직업이나 결정적인 사랑 대상을 선택하지 않고 회복될 때까지 그러한 계획들을 연기하는 것이다.

동시에 환자의 개인적인 자유는 이러한 규제와 양립할 수 있다면 될 수 있는 대로 많이 그대로 둘 것이고, 또한 중요하지 않은 의도들을 그것들이 어리석은 것들일지라도 실행하려는 것을 막지 않아도 된다. 사실 자신의 경험과 역경을 통해서만이 감을 익힐 수 있다는 것을 잊어서는 안 된다. 또한 어떤 사람들은 치료기간 동안에 전혀 바람직하지 않은 프로젝트로 뛰어드는 것을 억제할 수 없고, 오직 그 후에야 분석을 위한 준비가 되고 분석에 영향을 받을 수 있게 된다. 때때로, 길들여지지 않은 추동들이 전이의 통제력이 영향을 주기 전에 나타나거나, 또는 환자에게 치료에 대한 애착을 가지게 하는 유대감이 반복적인 행동으로 인해 깨지게 되는 일이 발생하게 된다. 극단적인 예로 나이가 지긋한 한 여성의 예를 들고자 한다. 그녀는 반복적으로 해질녘에 집과 남편으로부터 도망 나와서 누구도 알지 못하는 곳으로 갔는데, 이러한 방법으로 도주하는 동기에 대해서 그녀는 알지 못했다. 그녀가 눈에 보일 정도로 애정 넘치는 전이를 가지고 치료 받으러 왔고 불과 며칠 만에 놀랄 만한 속도로 강력하게 커져갔다. 주말이 되자 내가 이러한 반복을 방지할 수 있는 어떤 것도 말하기 전에 그녀는 나로부터도 도주

했다.

환자의 반복하려는 강박충동을 억제시키고 그것을 기억하기 위한 동기로 전환시키기 위한 주요한 도구는 전이를 다루는 데 있다. 우리는 이 강박충동이 한정된 활동범위 안에서 표현될 수 있도록 허용하는 것으로 이것을 해롭지 않고 진정으로 유용한 것으로 만든다. 우리는 그것이 전이의 놀이터로 들어오도록 허용하는데, 이 놀이터에서 그것이 거의 완전하게 자유롭게 펼쳐질 수 있도록 허용하고, 환자의 마음속에 숨겨진 병인적 추동들의 모든 것이 우리에게 드러나게 되기를 기대하는 것이다. 환자가 분석의 필요조건들을 존중하여 응하게 될 때에만 우리는 꾸준히 병의 모든 증상에 새로운 전이적 의미를 부여하는 것과 일상에서의 신경증을 '전이-신경증'으로 대체하는 것에 성공할 수 있다. 전이는 병과 실제 삶 사이에 중간 영역을 만들어 내고 이것을 통해서 하나를 다른 것으로 전환하는 것이 가능해진다. 이 새로운 상태가 그 병의 모든 특징을 인계받는다. 하지만 이것은 인공적인 병을 의미하는 것이고 모든 것들이 우리의 개입에 영향받을 수 있다. 이것은 실제 경험이긴 하지만 특별하게 유리한 조건들에 의해서 만들진 것이며, 임시적인 성질이 있다. 전이에서 나타나는 반복적인 반응들을 통해서 우리는 익숙한 길을 따라 기억들이 깨어나는 곳으로 가게 된다. 저항이 극복된 후에 이러한 기억들은 어렵지 않게 나타난다.

나는 이 시점에서 글을 끝낼 수 있지만 이 글의 제목은 분석적 기법에 대한 그 이상의 문제에 대해서 논의하게 한다. 저항을 극복하는 첫 걸음은 우리가 알고 있는 것처럼 환자가 전혀 인식하지 못했던 저항을 분석가가 밝혀내고 그것을 환자에게 익숙하게 하는 것에 의해서이다. 그런데 분석적 치료의 초보자들은 이러한 도입 단계를 그들의 작업 전체를 구성하는 것으로 보는 경향이 있다. 치료사가 환자에게 저항을 알려주었는 데도 불구하고 어떤 변화도 일어나지 않았다고 불만을 토로하며 그러한 사례들에 대해서 나에게 종종 자문을 구해왔다. 참으로 저항은 더욱 강해지고 전체 상황은 그전보다 훨씬 알 수 없는 상태로 되어버린다. 치료는 조금의 진척도 없는 것처럼 보인다. 이러한 불길한 예감은 항상 그 상황을 잘못 판단하고 있었기에 생겼던 것으로 드러난다. 치료는 원칙대로 매우 만족스럽게 진척되고 있는 것이다. 저항에 이름을 부여하는 것이 저항의 즉각적인 중지를 낳지 않는다는 것을 그 분석가가 잊고 있었던 것에 불과한 것이다. 우리는 반드시 환자가 이러한 저항을 잘 알게 되고, 그것을 작업해나가고work through, 그것을 극복할 수 있는 시간을 주어야 한다. 이것은 분석의 기본적인 규칙에 따라서 저항에 굴하지 않고 분석적 작업을 계속함으로써 가능하다. 저항이 그것의 절정에 도달하게 될 때에만 분석가는 환자와 함께 작업하면서 억압된 추동drive의 충동들을 발견할 수 있다. 이 충동들이 저항을 유지시키는 것이다. 이러한 종류의 경험은 환자에게 그러한 충동들의 존재와 힘을 깨닫게 한다. 치료사는 기다리면서 상황들이 전개해 나갈 수 있도록 두는 것 외에 할 것은 없다. 이러한 전개는 피할 수도 없고 서두를 수도 없다. 이러한 확신을 굳게 지킨다면, 사실은 치료를 올바른 방법으로 하고 있지만 실패하고 있다는 환상으로부터 해를 입지 않을 수 있다.

실제 치료에서 저항을 작업해내는 것은 분석가에게 힘든 임무이며 분석가의 인내심에 대한 시험이 될 것이다. 그럼에도 불구하고 이것은 환자에게 가장 커다란 변화를 주는 작업의 부분이고, 암시에 의한 어떤 다른 종류의 치료로부터 분석적 치료를 구별하는 것이다. 이론적 관점에서, 어떤 이는 이것을 억압에 의해서 압박당한 정서의 '해소'와 연결시킬 수도 있다. 이 해소가 없었다면 최면적 치료가 효과없이 끝났을 것이다.

전이-사랑에 대한 관찰

전이-사랑에 대한 관찰
Observations on Transference-Love
(Further Recommendations on the Technique of Psychoanalysis III)

정신분석의 초보자들은 처음에는 환자의 연상을 해석해야 하고 억압된 것의 재현을 다룰 때의 어려움에 긴장한다. 하지만 때가 되면 그러한 어려움들이 그렇게 어려운 일이 아니라는 것을 알게 될 것이고, 그 대신에 그가 직면해야 하는 진정으로 중대한 어려움은 전이를 다루는 것에 있다는 것을 확신하게 된다.

이것과 관련하여 발생하는 상황들 가운데 나는 한 가지를 선택하고 분명하게 규정하려고 한다. 내가 이것을 선택하는 것은 이것이 매우 자주 발생하고 실제적인 면에서 매우 중요하기 때문이며, 다른 한편으로는 이것의 이론적인 흥미로움 때문이다. 내가 마음속에 생각하고 있는 것은 여성 환자가 그녀를 분석하는 치료사와 사랑에 빠졌다는 것을 명백한 징후들을 통해서 보여주거나 또는 공개적으로 선언하는 사례이다. 이러한 상황은 곤란하고 코믹한 측면들뿐만 아니라 신중하게 봐야 되는 측면도 가지고 있다. 또한 이것은 많고 복잡한 요소들에 의해서 결정되어지고 피할 수 없는 것이며 사라지게 하기 매우 어렵다. 이것에 대한 논의는 중요한 분석적 기법의 부족함을 채워줄 수 있는데 오랫동안 논의되지 않은 채로 있었다. 다른 사람들의 실패를 비웃는 우리가 그러한 실패로부터 우리 자신도 항상 자유롭지는 못했기에 지금까지 이 과업을 서둘러서 하지 못하고 있었다. 우리는 계속해서 전문가로서 분별해야 하는 의무와 맞닥뜨리게 된다. 이러한 분별은 실생활에서는 없어서는 안 되지만 우리의 과학에서는 아직 사용되지 않고 있다. 정신분석적 출판물들이 실생활의 한 부분이라면 우리는 여기에 해명할 수 없는 모순을 가지고 있는 것이다. 나는 한때 이러한 분별에 대한 문제를 등한시했었고, 최근 어떻게 이와 같은 전이 상황이 초기 10년 동안 정신분석적 치료의 발전을 저지하고 있었는지 보여준 바 있다.[1]

　　잘 교육받은 일반 사람에게(정신분석의 견지에서 이상적

---

(1) 정신분석 운동의 역사에 대한 나의 글 첫 번째 부분에서(1914d)

인 교양 있는 사람을 말한다) 사랑과 관련된 것들은 다른 어떤 것과도 비교할 수 없다. 그것들은 말하자면 다른 어떤 글도 취급할 수 없는 특별한 페이지에 기록되어 있다. 만약 여성 환자가 그녀의 치료사와 사랑에 빠졌다면, 그 일반 사람에게는 두 가지 결과만이 가능할 것으로 보일 것이다. 하나는 비교적 거의 발생하지 않지만 두 사람 사이에 영구적인 합법적 결합이다. 또 다른 하나는 더욱 자주 발생하는 것인데, 치료사와 환자는 갈라서고 그들이 시작한 작업을 포기하는 것이다. 이 작업은 그녀를 회복하게 할 수도 있었는데 이것이 마치 무엇인가 근원적인 현상에 의해서 가로막힌 듯하다. 분명히 세 번째 결과가 있는데 이것은 치료도 계속 지속할 수 있는 것처럼 보인다. 즉, 그들이 불륜의 사랑 관계에 들어가는 것인데 영원히 지속될 것이라고 생각하지는 않는다. 하지만 이러한 진행은 전통적인 도덕성과 전문직의 기준으로 불가능하게 되어 있다. 그럼에도 불구하고 그 일반 사람은 가능한 한 명료하게 이 세 번째 대안이 배제된 것을 재확인해달라고 분석가에게 간청할 것이다.

정신분석가는 분명 이러한 것들을 다른 관점에서 봐야만 한다.

자, 이제 두 번째 결과의 경우를 살펴보자. 그 환

자가 그녀의 치료사와 사랑에 빠진 후에 그들은 헤어지고 치료는 포기된다. 그러나 곧 그 환자의 상태가 나빠져서 그녀는 다른 치료사와 두 번째 시도를 하게 된다. 그 다음에 발생하는 것은, 그녀가 두 번째 치료사와도 사랑에 다시 빠졌다는 것을 느끼게 되는 것이다. 만약 그녀가 그와 갈라서고 다시 시도를 한다 하더라도 같은 일이 세 번째 치료사와 발생하게 될 것이다. 이 현상은 항상 발생하게 되어 있고 우리가 알다시피 정신분석 이론의 기반들 중 하나인데, 두 가지 관점에서, 즉 분석을 진행하고 있는 치료사의 관점과 분석을 필요로 하는 환자의 관점에서 평가되어야 한다.

치료사에게 이 현상은 가치 있는 깨달음을 주고 그의 마음에 존재할 수도 있는 어떠한 역전이의 경향성에 대한 유용한 경고가 된다. 그는 환자가 사랑에 빠진 것이 분석적 상황에 의해서 유발되는 것이지 자신의 사람됨의 매력 때문이 아니라는 것을 반드시 인식해야만 한다. 그래서 분석 밖에서는 '정복'이라고 부르기도 하는 그런 것에 대해 자랑스러워 할 이유가 없는 것이다. 이것을 항상 기억하는 것이 좋다. 반면, 환자에게는 두 가지 대안이 있는데, 정신분석적 치료를 포기하든지 또는 치료사와 사랑에 빠지는 것을 피할 수 없는 운명으로 받아들이는 것이다.

아마도 환자의 가족과 친구들은 두 개의 대안 중에서 단호히 첫 번째 것을, 분석가는 두 번째 것을 선택할 것이다. 그러나 이 경우에 그 결정을 가족의 애정 어린, 또는 이기적이고 질투심에서 나온 염려에 내맡길 수는 없다고 생각한다. 오직 환자의 안녕이 기준이 되어야 한다. 그녀 가족의 사랑은 그녀의 신경증을 치료할 수 없다. 분석가는 자신을 밀어붙일 필요는 없지만 어떤 결말을 이루기 위해서는 그의 존재가 없어서는 안 된다고 주장할 수도 있다. 이러한 문제에 톨스토이의 태도를 취하는 어떤 가족원은 그의 아내 또는 딸의 소유가 흔들림 없이 그대로라고 생각할 수 있다. 그렇지만 그는 그녀가 신경증을 계속 보유하고 있다는 사실과 그 신경증이 일으킨 사랑 능력의 장애를 받아들이려고 애써야만 할 것이다. 어쨌든 이 상황은 부인과 치료의 상황과 비슷하다. 더욱이 질투하는 아버지나 남편이 그녀의 신경증을 다루기 위해서 그녀를 분석 이외의 다른 종류의 치료로 보내면 치료사를 사랑하게 되는 것을 피할 수 있을 것이라고 생각한다면 그것은 크게 잘못 판단하는 것이다. 그와는 반대로, 이러한 종류의 사랑이 표현되지 않거나 분석되지 않은 채로 남아 있게 되고, 분석이 이것으로부터 끌어낼 수도 있었던 환자의 회복에 어떤 기여도 전혀 할 수 없다.

분석을 행하는 어떤 치료사들이 종종 환자들에게 에로틱한 전이의 발생에 대한 준비를 시키고, 또는 '치료가 진전하기 위해서 주저하지 말고 의사와 사랑에 빠지라'라고 권하기까지도 한다는 것을 나는 알게 되었다. 이것보다 더 말이 안 되는 처치를 상상해내기가 어렵다. 이렇게 함으로써, 분석가는 이 현상에서 자발적인 요소(매우 설득력 있는)를 강탈하는 것이고, 미래에 분석가 자신도 극복하기 어려운 장애물들을 만들어놓게 된 것이다.

언뜻 보기에는 환자가 전이 안에서 사랑에 빠지는 것이 치료에 아무런 이점도 주지 않을 것으로 보인다. 그때까지 그녀가 얼마나 변화 가능했는지에 상관없이 그녀는 갑자기 치료에 대한 모든 이해와 관심을 상실하고, 그녀의 사랑 외에는 어떤 것도 말하려고 하거나 들으려고 하지 않을 것이다. 그리고 그녀의 사랑이 사랑으로 반응되기를 요구할 것이다. 그녀는 그녀의 증상들을 포기하거나 그것들에 주의를 기울이려 하지 않는다. 그녀는 실제로 자신이 나았다고 선언한다. 이젠 풍경이 완전히 바뀌었다. 마치 사실인 것처럼 가장했던 부분이 갑작스러운 현실의 침입(예를 들면, 연극 중에 "불이야" 하는 소리가 일어났을 때처럼)으로 중단된 것 같다. 이런 것을 처음 경험하는 치료사는 누구라도 분석적 상황에 대한 이해를 유지하는 것과 치료가 정말 끝날 수도 있다는 환상을 피하는 것은 쉬운 일이 아닐 것이다.

　　약간의 성찰이 인내력을 가질 수 있게 해준다. 첫 번째이면서 가장 중요한 것은, 치료의 지속을 방해하는 모든 것은 저항의 표현일 수도 있다는 의혹을 마음에 담아두고 있어야 한다. 사랑을 위한 열정적인 요청도 대체로 저항의 결과일 것이다. 치료사는 오래전에 환자에게서 애정 넘치는 전이를 알아채고 있었을 것이고, 그녀의 온순함, 분석적 설명들에 대한 그녀의 수용, 놀랄 만한 이해력, 대단한 지성도 치료사에 대한 태도의 결과라는 것이 확실하다고 느낄 수 있었을 것이다. 하지만 지금 이 모든 것이 없어졌다. 더욱이 이러한 변화는 꽤 정기적으로 정확하게 어떤 시점에서, 즉 치료사가 그녀에게 그녀의 인생사에서 특별히 고통스럽고 심하게 억압된 부분을 기억하게 한다거나 인정하게 하려고 했을 때 발생한다. 따라서 그녀는 오래전부터 사랑에 빠져 있었던 것이다. 그런데 지금 저항이 그녀의 사랑을 사용하기 시작한 것인데, 치료의 지속을 방해하고 그녀의 관심을 치료 작업에서 다른 곳으로 벗어나게 하고 분석가를 어색한 입장에 처하게 하기 위해서이다.

　　이러한 상황을 더욱 자세히 살펴보면, 상황을 더

욱 복잡하게 만들려는 동기의 영향을 인식하게 된다. 그 상황의 어떤 것들은 사랑에 빠진 것과 관계되어 있고, 다른 것들은 특별히 저항의 표현들이다. 첫 번째 것 중에는 환자가 자신이 매력적임을 스스로에게 확인시키고, 의사를 애인의 차원으로 내려오게 하는 것으로 의사의 권위를 파괴시키고, 사랑의 만족에 부차적으로 보증된 모든 이점들을 얻으려는 노력이 있다. 저항의 측면에서, 환자의 사랑 선언이 분석가의 엄격함을 시험하는 수단으로 사용되는 것이 아닌가 하고 생각하게 된다. 그래서 만약 분석가가 순응의 신호를 보인다면, 그는 그것 때문에 책잡힐 것을 예상해야 한다. 그러나 무엇보다도, 저항은 정부 공작원처럼 행동한다는 인상을 갖게 된다. 즉, 이것은 사랑에 빠져 있는 환자의 상태를 강화시키며 성적 항복을 위해 준비되어 있는 상태를 과장하는데, 그런 부도덕함의 위험을 지적하면서 억압을 더욱 강력하게 정당화하기 위해서이다. 이런 모든 부수적인 동기들은 단순한 사례들에서는 나타나지 않지만 우리가 아는 것처럼 아들러는 전체 과정의 필수적인 부분으로 생각하였다.

하지만 사랑 전이에도 불구하고 치료는 계속 진행해야 하고 이것을 예상되는 일로 받아들여만 한다고 확신한다면, 어떻게 분석가는 이러한 상황에 대해서 후회하는 일이 벌어지지 않도록 행동해야 하는가?

　　　　보편적으로 수용되는 도덕성의 기준을 강조하고 분석가는 어떤 상황에서도 그에게 주어지는 부드러운 감정을 받아들이거나 비슷한 감정으로 돌려주어서는 결코 안 된다고 주장하는 것이 나에게 쉬운 일일 것이다. 대신에, 나는 이렇게 이야기하고 싶다. 그는 반드시 사회적 도덕성의 요구와 포기의 필요성을 그와 사랑에 빠진 여성 앞에 놓고, 그녀의 욕구를 포기하는 것과 그녀 자신의 동물적인 면을 극복하면서 분석의 작업을 계속해야 하는 그런 시기가 왔다는 것을 고려해야만 한다.

　　　　그러나 나는 이러한 기대(첫 번째 것이나 두 번째 것도)에 부응하려고 하지 않을 것이다. 첫 번째 것을 하지 않는 것은, 나는 지금 환자들을 위해서 글을 쓰는 것이 아니라 심각한 어려움들과 씨름해야 하는 치료사들을 위해서이기 때문이다. 그리고 이러한 경우에 나는 도덕적 처방을 그것의 기원, 말하자면 방편으로서의 기원까지 거슬러 올라갈 수 있기 때문이다. 나는 이 경우에 결과에 어떠한 변화 없이도 도덕적 금지령을 분석적 기법의 고려로 대체할 수 있는 행복한 입장에 있다.

　　　　그런데 더욱 더 단호하게, 나는 위에서 언급했던

두 번째 기대를 충족시키는 것을 거절한다. 환자가 자신의 사랑 전이를 인정하는 순간 그녀에게 본능을 억제하라고 하거나, 포기하라고 하거나, 승화하라고 종용하는 것은 분석적 방법으로 그것을 다루는 것이 아니라 무의미한 것이다. 이것은 마치 정교한 주문으로 지하세계에서 어떤 영혼을 불러들인 후에 그에게 단 하나의 질문도 하지 않은 채 다시 내려보내려 하는 것과 같다. 억압된 것을 의식으로 불러올 수 있었지만, 깜짝 놀라서 그것을 다시 한번 더 억압하게 되는 것이다. 우리는 그러한 과정이 성공이라고 우리 스스로를 속여서는 안 된다. 우리가 아는 것처럼 열정은 고상한 연설에 거의 영향을 받지 않는다. 그 환자는 수치심만을 느끼게 될 것이고, 그것에 대한 복수를 잊지 않고 꼭 하게 될 것이다.

　　　나는 어떤 중도적인 진행에 대해서는 주장할 것이 거의 없는데, 이것은 어떤 사람들에게는 특별히 독창적으로 하라는 것으로 받아들일 수 있다. 환자의 다정한 느낌은 돌려주지만 동시에 그 관계를 좀 더 차분한 방향으로 안내할 수 있고 좀 더 고차원적인 단계로 올릴 수 있을 때까지 이러한 다정함에서 나온 어떠한 신체적 접촉도 피할 수 있는 진행이 있다고 말할 수 있다. 이러한 방편에 대해 나는 반대하는데 정신분석적 치료가 정직함 위에 세워져 있기 때문이다.

이러한 사실 안에 정신분석의 교육적 영향과 정신분석의 윤리적 가치의 많은 부분이 있다. 분석적 기법에 흠뻑 젖어 있는 사람이라면 거짓말이나 가식을 더 이상 사용할 수는 없을 것이다. 만약에 그가 최선의 의도를 가지고 그러한 것을 했을지라도 그는 자신을 속이는 것이다. 우리는 우리의 환자들에게 엄격한 정직함을 요구하기 때문에, 우리가 정직하지 않은 것이 환자에게 걸리게 되면 우리는 우리의 권위 전체를 위태롭게 한 것이다. 게다가, 환자에 대한 따스한 느낌이 조금 진행되도록 하는 실험에 위험성이 아주 없는 것이 아니다. 어느 날 갑자기 우리가 의도했던 것보다 더 멀리 가는 것을 막을 정도로 우리 자신에 대한 통제가 그렇게 완전한 것이 아니다. 그러니 내 의견에는 우리는 환자에 대한 중립성을 포기해서는 안 되는데, 그러한 중립성은 역전이를 계속 점검하는 것을 통해서 얻어질 수 있다.

분석적 기법이 치료사에게 요청하는 것은 사랑을 갈망하는 환자에게 그녀가 요구하는 만족을 거부해야 한다는 것임을 나는 이미 설명한 바 있다. 치료는 반드시 절제를 가지고 진행되어야 한다. 이것은 단지 신체적 절제만을 의미하는 것이 아니다. 하지만 환자가 원하는 모든 것의 박탈을 의미하는 것도 아닌데, 어쩌면 어떤 병든 사람도 그것을 견딜 수 없기 때문이다. 그것보다는 나는 근본적 원칙으로서 환자의 필요와 갈망이 그녀 안에서 지속되는 것은 허용되어야 한다고 주장하는데, 그러한 것들이 힘으로 기능해서 그녀가 작업을 할 수 있게 하고 변화를 만들 수 있게 하기 위해서이다. 또한 우리는 그러한 힘들을 대리 수단들로 달래려고 하는 것을 경계해야만 한다. 우리가 제공할 수 있는 것은 하나의 대리 수단 외에 다른 것이 될 수는 없는데, 억압이 제거될 때까지 그녀가 현실의 만족을 취할 수 없는 그런 상태이기 때문이다.

절제와 함께 실행되어야 할 치료의 근본적 원칙이 우리가 여기에서 이야기하고 있는 단일한 사례의 범위를 훨씬 넘어 확장되고, 그것의 적용 한도를 정의하기 위해 철저하게 논의될 필요가 있다는 것을 인정한다. 하지만 우리는 지금 이 문제로 들어가는 것은 아니고, 가능한 한 우리가 출발했던 그 상황에 대한 논의를 지속할 것이다. 만약 치료사가 다르게 행동한다면, 양쪽이 다 자유롭다고 가정하고, 치료사가 환자의 사랑에 반응하고 그녀의 애정 결핍을 충족시키기 위해서 자신을 자유롭게 한다면 무슨 일이 일어날까?

만약 이러한 승낙이 환자와의 관계에서 우위를 보장해주고, 따라서 그녀에게 영향을 줄 수 있게 되어서 치료가 요구하는 임무들을 그녀가 수행할 수 있도록 해주고, 이러한 방식으로 신경증에서 그녀를 영구적으로 자유롭게 해줄 것이라는 계산에 의해서 행동했다면, 경험은 필연적으로 그의 계산이 틀렸다는 것을 그에게 보여줄 것이다. 그 환자는 그녀의 목표를 성취할 것이지만 그는 결코 그의 목표를 성취할 수는 없을 것이다. 그 치료사와 환자에게 일어날 법한 일은 재미있는 일화에 의하면 목사와 보험직원 사이에서 일어났던 그런 것이다. 자유사상가인 그 보험직원은 죽으려는 순간에 있었고 죽기 전에 그의 가족이 그를 개종시키기 위해서 신의 사람을 불렀다. 그 면담은 오래 계속되었고 바깥에서 기다리던 사람들이 희망을 가지기 시작했다. 마침내 병실의 문이 열렸다. 그 자유사상가는 개종하지 않았다. 그렇지만 그 목사는 보험을 사가지고 떠났다.

만약 환자의 구애가 응답된다면 이것은 그녀에게는 위대한 승리지만, 치료에게는 완전한 패배이다. 그녀는 모든 환자들이 분석에서 얻으려고 노력하는 것에 성공했다고 할 수도 있다. 즉, 그녀는 기억하고, 심리적인 자료로서 재생하고, 심리적 사건의 영역 안에서 머물러야 했던 것을 실제 삶에서 행동으로 실연하기와 반복하기에 성공한 것일 수도 있다. 이 사랑 관계가 더욱 진전되면서 그녀는 그녀의 성애적 삶의 모든 억제들과 병리적인 반응들을 꺼내놓을 것인데, 이젠 그것들을 바로잡을 어떤 가능성도 없게 되었다. 그리고 이 고통스러운 에피소드는 회한과 억압에 대한 그녀의 경향성의 엄청난 강화와 함께 끝나게 될 것이다. 사실 이 사랑 관계는 분석치료의 영향을 받아들이는 환자의 수용성을 파괴한다. 이 두 개가 함께 있는 것은 불가능한 일이다.

따라서 만약 사랑에 대한 환자의 갈망이 충족된다면 마치 그것을 억제시킬 때처럼 분석에 재난을 초래한다. 분석가가 추구해야 할 노정은 이러한 것들 중 어느 것도 아니며 실생활에서는 그 모델이 없다. 전이─사랑으로부터 피하려고 한다거나, 그것을 거절하거나, 또는 환자에게 해가 되도록 만들지 않게 주의해야 한다. 그러면서도 그는 반드시 그것에 어떠한 응대도 단호히 보류해야만 한다. 전이─사랑을 단단히 붙잡고 있어야 하지만 그것을 비현실적인 어떤 것처럼 다루어야 하는데, 즉 그것을 치료 안에서 경험해야만 하고 무의식적 기원들까지 거슬러 올라가야 하는 상황으로서 다루어야 한다. 그래서 환자의 성애적 삶에 가장 깊이 숨겨져 있는 모든 것을 의식으로 가지고 와서 그녀의 통제 아래 있을 수 있도록 도와야만 한다. 분석가가 단순명료하게 그가 모든 유혹에 지지 않는다는 것을 보여주면 줄수록, 그러한 상황으로부터 분석적 내용을 더욱 순조롭게 얻어낼 수 있을 것이다. 환자의 성적 억압이 아직 제거되지 않았고 단지 배후로 밀쳐졌다고 하더라도, 그녀는 그녀의 사랑의 전제 조건들(그녀의 성적 욕구에서 튀어나온 모든 환상들, 사랑에 빠진 상태의 모든 상세한 특징들)이 밝혀질 수 있게 허용할 만큼 안전하다고 느낄 수 있을 것이다. 이것들로부터 그녀는 그녀의 사랑의 유아적 뿌리로 갈 수 있는 길을 여는 것이다.

실제로 어떤 여성들은 사랑 전이를 분석적 작업을 위해서 그것의 충족없이 유지하려고 시도하지만 이것은 성공하지 못할 것이다. 이러한 여성들은 본질적으로 열정적인 사람들로 어떤 대리물도 용납하지 못한다. 그들은 본성의 자녀들인데, 물질적인 것을 대신해서 심리적인 것을 수용하기를 거부하고, 시인이 말한 '논쟁을 위한 만두를 곁들이 수프의 논리'에만 접근할 수 있다. 이러한 사람들과는 치료사는 그들의 사랑에 사랑으로 반응하든지, 아니면 멸시당한 한 여성의 최대의 적대감을 받는 것 사이에 선택이 있다. 두 경우 모두 치료의 이익을 지키지 못할 것이다. 치료사는 성공하지 못한 채 물러나야만 한다. 그리고 치료사가 할 수 있는 모든 것은, 어떻게 신경증의 능력이 매우 다루기 힘든 사랑의 필요와 연결되었는가에 대한 문제를 마음속으로 생각하는 것이다.

많은 분석가들은 의심의 여지없이 다른 여성들 즉 사랑에 있어서 좀 덜 격렬한 여성들이 점차적으로 분석적 태도에 적응하게 될 수 있는 방법이 있다면 그 방법에 동의할 것이다. 우리가 하는 것은 무엇보다도 이러한 '사랑' 안에 있는 저항의 분명한 요소를 환자에게 강조하는 것이다. 진정한 사랑은 그녀를 온순하게 만들기도 하고 문제들을 풀어나가게끔 마음가짐을 단단하게 할 수 있다고 우리는 말한다. 왜냐하면 그것은 단순히 그녀가 사랑하는 남자가 그녀에게서 그것을 기대하기 때문이다. 이러한 경우에, 그녀는 기꺼이 치료의 완성으로 가는 길을 선택할 것인데, 치료사에게 좋게 보이기 위해서이고 실제 삶에 맞게 자신을 준비시키기 위해서이며, 그곳에서 이러한 사랑의 느낌이 적절한 장을 찾을 수 있을 것이다. 그러나 그녀는 이렇게 하기보다는 고집스럽고 반항적인 경향을 보이기도 하고 치료에 대한 관심을 모두 버리기도 하고, 근거가 충분한 치료사의 신념에 대해서 아무런 존중감도 느끼지 않을 수도 있다. 따라서 그녀는 사랑하고 있다는 겉모습을 가지고 저항을 드러낸다. 이것뿐만 아니라 그녀는 그를 진퇴양난에 빠뜨린 것에 대해 아무런 가책을 느끼지 않는다. 만약 그가 그녀의 사랑을 거절한다면(그의 임무와 이해가 이렇게 하게 하는 것이다), 그녀는 멸시받은 여성 역을 하게 될 것이고, 그 후에는 복수와 원망의 마음으로 그의 치료적 노력으로부터 철수하게 되는데, 그녀는 분명 지금 겉으로 보이는 사랑 때문에 그렇게 하는 것이다.

이러한 사랑의 진정성에 대한 두 번째 반론으로써 우리는 다음과 같은 사실을 제시하고자 한다. 이것은 현재 상황으로부터 발생한 하나의 새로운 특징만을 보여주는 것이 아니라 이전의 반응들(유아적인 것들을 포함해서)의 반복들과 복제들로 구성되어 있다. 우리는 사랑에 빠진 환자의 행동들을 자세히 분석하는 것으로써 이것을 증명하고자 한다.

필요한 양의 인내가 내가 주장한 것들과 함께 사용된다면 보통은 그 어려운 상황을 극복하고, 완화되었거나 변형된 사랑과 함께 이 작업을 계속하는 것이 가능하다. 그 작업은 환자의 유아적 대상 선택과 그것을 둘러싸고 얽혀 있는 환상들을 알아내는 것을 목표로 삼는다.

이제 나는 이러한 주장을 비판적인 눈을 가지고 검토하고 싶다. 그리고 그것을 환자에게 제안함에 있어서 우리가 정말로 환자에게 진실을 말하는 것인지 아닌지, 또는 숨겨진 것들과 잘못된 진술들에 신경을 쓰는 것이 우리의 절박한 필요 때문에 그런 것인지에 대한 질문을 하고 싶다. 다른 말로 하면, 과연 우리는 분석 치료에서 나타나게 되는 사랑에 빠진 상태가 진짜의 것이 아니라고 말할 수 있는가?

우리가 환자에게 진실을 말했다고 생각하지만 결과에 상관없이 전체 진실을 말한 것은 아니다. 우리의 두 가지 주장들 중에서 첫 번째가 좀 더 강력하다. 전이-사랑에서 저항이 하는 역할은 의문의 여지가 없고 매우 주목할 만하다. 그럼에도 불구하고 저항이 이 사랑을 만들어낸 것은 아니다. 그것은 가까이에 있던 것을 발견하고, 그것을 활용하고, 그것의 나타남을 더욱 크게 하는 것이다. 그 현상의 진정성이 저항으로 인해서 부정되는 것도 아니다. 두 번째 주장은 더욱 약하다. 그 사랑이 옛 특성들의 신판이고 유아적 반응들을 반복한다는 것은 사실이다. 하지만 이것은 사랑에 빠진 모든 상태의 근본적인 특성이다. 유아적 원형들을 재현하지 않는 그런 상태란 없다. 이것은 유아기 결정요소로부터 그것의 충동적인 특성을 얻는 것이고, 그것은 병리적인 것들에도 그렇게 한다. 전이-사랑은 일상적인 삶에서 나타나고 정상적이라고 불리는 사랑보다 자율성을 훨씬 적게 가지고 있다. 전이-사랑은 그것이 유아적 패턴에 종속되어 있다는 것을 더욱 분명하게 보여주고, 적응성이 부족하며 수정하기 어려워한다. 하지만 그런 것뿐이지, 그것이 본질적인 것은 아니다.

어떤 다른 징후들로 사랑의 진정성을 알아볼 수 있을까? 그것의 효율성에 의해서? 즉, 사랑의 목표를 달성하는 데 있어서 그것이 어떻게 기여하는가에 의해서? 이런 면에서 전이−사랑은 어떤 것에도 뒤지지 않는 것처럼 보인다. 사람들은 이것을 통해서 모든 것을 얻을 수 있다고 생각할 수 있다.

자, 이제 요약을 해보자. 우리는 분석의 과정에서 나타나게 되는 사랑에 빠진 상태가 '진정한' 사랑의 특성을 가지고 있다는 것을 반박할 권한이 없다. 그것이 정상적 요소가 매우 부족하다고 보일지라도, 분석의 바깥인 평범한 삶에서 사랑에 빠진 상태도 정상적인 정신 현상보다는 비정상에 더욱 가깝다는 사실로 충분히 해명된다. 그럼에도 불구하고, 전이−사랑에는 이것을 특별하게 생각하게 하는 어떤 특성들이 있다. 첫째, 이것은 분석적 상황에 의해서 불러일으켜진다. 둘째, 이것은 그 상황을 지배하는 저항에 의해서 매우 강렬해진다. 셋째, 이것은 현실에 대한 고려가 매우 부족하고, 결과에 대해서 덜 민감하고 관심이 덜하다. 그리고 사랑받고 있는 사람의 그 사랑에 대한 가치판단에 대해서 정상적인 사랑의 경우에 우리가 인정할 마음의 준비가 되어 있는 것에 비해 더욱 분별감이 없다. 그렇지만 우리가 잊지 말아야 할 것은 정상으로부터의 이러한 벗어난 점들이 바로 사랑에 빠진 것의 본질적인 것을 구성한다는 것이다.

분석가의 행동과 관련하여, 전이-사랑의 이러한 세 가지 특징들 중에 첫 번째가 결정적인 요소이다. 그는 신경증을 치료하기 위해서 분석 치료를 하는 것에 의해서 이러한 사랑을 불러내었다. 그에게 이것은 의료 상황에서 피할 수 없는 결과인데, 환자 몸의 노출이나 중대한 비밀을 말하는 것과 비슷하다. 그러므로 치료사는 이것을 통해서 어떠한 개인적 이로움도 취해서는 안 된다는 것은 명확하다. 환자가 기꺼이 응한다 할지라도 다르지 않고, 전체 책임은 온전히 분석가 자신에게 있다. 분석가가 알고 있는 것처럼 환자는 치료의 다른 작용에 대해서는 준비하지 않았다. 모든 어려움이 성공적으로 극복된 후에 환자는 종종 이렇게 고백하기도 한다. 그녀가 치료에 들어왔을 때, 자신이 예의 바르게 행동한다면 결국에는 의사의 애정을 얻을 수 있을 거라고 기대하는 환상을 가지고 있었다고.

치료사에게 윤리적 동기는 기법적인 것들과 결합하여 환자에게 그의 사랑을 주는 것을 자제시켜줄 것이다. 그가 염두에 두고 있는 목표는 고착으로 인해 사랑의 능력이 손상된 이 여성이 그녀에게 더없이 귀중한 기능에 대해서 자유로운 통솔력을 얻게 하는 것이다. 치료에서 그녀가 이것을 흩어 사라지게 해서는 안 되고, 치료 후에 실생활의 요구들이 나타나게 되었을 때를 위해서 준비되어 있게 하는 것을 목표로 삼아야 한다. 치료사는 소시지 꾸러미가 상품으로 수여되는 개 경주에서 익살꾼이 트랙에 소시지 하나를 던져서 망치게 하는 그런 장면으로 만들지 말아야 한다. 물론 개들은 그 경주에 대한 것과 경기에서 승리했을 때에 주어지는 모든 것을 잊어버리고 그 소시지로 뛰어들게 된다. 그렇다고 치료사가 윤리와 기법에서 제시한 제한들 안에 머무는 것이 항상 쉽다고 말하려고 하는 것은 아니다. 아직 젊고 강력한 유대관계로 얽매여 있지 않은 사람들은 특별히 이러한 것이 매우 어렵다고 느낄 것이다. 성적 사랑은 의심할 것도 없이 인생에서 가장 주요한 것들 중 하나이고, 사랑의 즐거움에서 경험하는 정신적·신체적 만족의 연합union은 최고조의 정점들 중 하나이다. 몇몇 기묘한 광신자들을 제외하고 모든 세상이 이것을 알고 있고 그것에 맞게 삶을 살아나간다. 유일하게 과학만이 지나치게 우아해서 이것을 인정하지 않는다. 한 여자가 사랑을 청했을 때, 거절과 거부는 남자가 하기 곤란한 역할이다. 그리고 신경증과 저항에도 불구하고, 지고한 원칙을 지키는 여성이 열정을 고백했을 때 그녀에게 무엇과도 비교할 바 없는 매료됨이 있다. 유혹을 성립시키는 것은 환자의 노골적인 감각적 욕구가 아니다. 이것은 혐오감을 불러일으킬 가능성이 더 크고, 치료사가 그것을 자연스러운 현상이라고 여긴다면 그는 자신의 모든 인내심을 동원하게 될 것이다. 하지만 한 남성이 좋은 경험을 위한 그의 기법과 그의 의료적 임무를 잊어버리게 만드는 위험을 가져오는 것은 아마도 한 여성의 미묘하고 억제된 소망들일 것이다.

그렇다 하더라도 분석가가 무너지는 경우가 있어서는 안 된다. 그가 사랑을 차지할 가능성이 매우 높지만, 그는 반드시 환자 인생의 결정적인 단계에서 그녀를 도울 수 있는 기회를 소중하게 여겨야만 한다. 그녀는 그를 통해서 쾌감 원칙을 극복하는 것을 배워야 한다. 즉, 쉽게 손닿는 곳에 있지만 사회적으로 받아들여지지 않는 만족을 좀 더 미래의 어떤 것을 생각하며 포기하는 것이다. 미래에 얻어질 것들은 아마도 불확실하지만 심리적으로나 사회적으로 비난받지 않는 것이다. 이러한 극복을 성취하기 위해서, 그녀는 그녀의 정신적 발달의 유년기를 통과하고, 의식적인 정신 활동을 무의식으로부터 구별시켜주는 여분의 정신적 자유를 획득하는 길로 인도되어야만 한다.

따라서 분석적 심리치료사는 삼중의 싸움에 처한

다. 자신의 마음 안에서는 분석적 수준에서 그를 끌어 내리려고 하는 힘들과 대항해야 하고, 분석 바깥에서는 성적 본능의 힘에 부여된 중요성을 반대하면서 이 본능을 과학적 기법으로 활용하려는 것을 저해하려는 적대자들에 대항해야 하고, 분석 안에서는 그의 환자들과 대항해야 하는데 그들은 처음에는 적대자들처럼 행동하지만 후에는 그들을 지배하고 있는 성생활의 과대평가를 드러내며 사회적으로 길들여지지 않은 그들의 열정에 그를 사로잡히게 만들려고 시도한다.

정신분석에 대해서 내가 시작부분에서 언급했던 그런 태도를 가지고 있는 일반 대중들은 의심할 바 없이 전이−사랑에 대한 이러한 논의를 또 다른 기회로 삼아서 이 치료법의 심각한 위험성에 세상의 관심을 집중시키려고 할 것이다. 정신분석가는 그가 대단히 폭발적인 힘들과 작업하고 있고, 화학자만큼이나 많은 조심성과 세심함을 가지고 진행하는 것이 필요하다는 것을 알고 있다. 하지만 언제 화학자가 꼭 필요하지만 그런 위험 때문에 폭발적인 물체들을 다루는 것이 금지당했는가? 다른 의학적 행위들에게는 오랫동안 허용되어왔던 모든 자유를 정신분석이 다시 새롭게 얻어내야만 한다는 것은 놀랄 만한 일이다. 분명히 나는 해롭지 않은 치료방법들을 포기하고 싶지는 않다. 많은 사례들을 위해서 그것들은 충분히 효과적이다. 필경 인간의 사회는 다른 광신을 싫어하는 만큼 치료에 대한 열정^{furor sanandi}도 싫어한다. 그렇지만 정신신경증들이 해롭지 않은 미미한 치료법들에 의해서 정복될 수 있다고 믿는 것은 이러한 장애들을 그것들의 기원과 그것들의 실용적인 중요성 양쪽 모두에서 극도로 과소평가 하는 것이다. 그래서는 안 된다! 의학적 시술에는 'medicina'와 나란히 'ferrum'과 'ignis'에 대한 여지가 항상 있다.[2] 같은 방법으로 환자의 이익을 위해서 매우 위험한 정신적 충동들을 다루는 것과 그것들에 대한 통제력을 갖는 것을 두려워하지 않는 원액의 정신분석을 엄격한 규칙 없이 우리는 결코 진행할 수 없을 것이다.

---

(2) 히포크라테스에게 바쳐진 격언에 대한 언급. '의학이 치료하지 못하는 그러한 질병들은 쇠(나이프?)가 치료한다. 쇠가 치료할 수 없는 것들은 불이 치료한다. 그리고 불이 치료할 수 없는 것은 완전히 치료할 수 없는 것으로 판단된다.' 금언집7

프로이트에게 배우는 정신분석 치료 기법

초판인쇄	2016년 12월 15일
초판발행	2016년 12월 20일
저자	지그문트 프로이트
역자	한동석
펴낸이	김성배
펴낸곳	도서출판 씨아이알
책임편집	정은희
디자인	송성용, 정은희
제작책임	이현상
등록번호	제 2-3285호
등록일	2001년 3월 19일
주소	(04626) 서울특별시 중구 필동로 8길 43 (예장동 1-151)
전화	02-2275-8603(대표) 팩스번호 02-2265-9394
홈페이지	www.circom.co.kr

ISBN 979-11-5610-258-8 93180
정가 12,000원